EL RECURSO HÍDRICO
EN TAMAULIPAS:
LA CUENCA DEL RÍO
GUAYALEJO TAMESÍ

EL RECURSO HÍDRICO EN TAMAULIPAS: LA CUENCA DEL RÍO GUAYALEJO TAMESÍ

Gabriel Arcos-Espinosa
Dora González-Turrubiates
Esperanza Martínez-Cano
(Compiladores)

Número de Control de la Biblioteca del Congreso de EE. UU.:   2017912964
ISBN: Tapa Dura   978-1-5065-2161-9
               Tapa Blanda   978-1-5065-2162-6
               Libro Electrónico   978-1-5065-2163-3

Información de la imprenta disponible en la última página.

Fecha de revisión: 27/10/2017

Para realizar pedidos de este libro, contacte con:
Palibrio
1663 Liberty Drive
Suite 200
Bloomington, IN 47403
Gratis desde EE. UU. al 877.407.5847
Gratis desde México al 01.800.288.2243
Gratis desde España al 900.866.949
Desde otro país al +1.812.671.9757
Fax: 01.812.355.1576
ventas@palibrio.com
760311

Índice

Prólogo

Ante los graves daños por fenómenos hidrometeorológicos que año con año padece nuestro país, es necesario tener un profundo conocimiento científico del régimen de los diversos procesos climáticos que suceden en México. Si entendemos como régimen a la magnitud y frecuencia con la que ocurre un evento hidrológico; es necesario entonces un análisis y una caracterización detallada de las causas y efectos, sobre una cuenca hidrológica, en cada uno de los procesos del ciclo hidrológico. Concebida desde marzo 2008, la Comisión de Cuenca del río Guayalejo Tamesí, es sin duda un ejemplo en nuestro país de la conciencia social que existe en nuestras autoridades de la Comisión Nacional del Agua, por los problemas del agua; apreciando este recurso como bien universal si se valora desde quienes no la tienen o padecen por ella. Como respaldo de esta conciencia social, tiene usted entre sus manos, estimado lector, un trabajo único que no sólo responde a la necesidad de ese conocimiento científico, sino que pone en evidencia el ejemplar trabajo de conjunto que se realiza desde distintas Instituciones Educativas y Cuerpos Académicos. Este libro nos presenta en un primer capítulo la descripción completa y detallada de la cuenca del río Guayalejo Tamesí; lo que nos permite conocer las interrelaciones entre los recursos naturales y su manejo racional. En el segundo capítulo se expone de manera muy precisa la situación socioeconómica en la cuenca; lo que permite conocer la situación actual de la cuenca y con base en ello, proponer acciones de adaptación y de planeación en los procesos prioritarios para el desarrollo hídrico nacional acompañado de las capacidades identificadas desde las comunidades y municipios. El tercer capítulo nos habla sobre el ordenamiento ecológico en la cuenca; lo que proporciona el conocimiento sobre las interrelaciones de los recursos naturales y el enfoque ecohidrológico del recurso agua visto como un bien comunitario. El capítulo cuarto presenta la disponibilidad del recurso hídrico superficial identificando los volúmenes susceptibles de aprovechamiento, acompañado con un análisis de las capacidades regionales para la administración del recurso en el marco de la programación hídrica nacional. Finalmente, la vulnerabilidad del recurso hídrico se trata en el capítulo cinco; en donde se resalta la importancia de conocer el riesgo y tomar conciencia de la fragilidad del recurso, advirtiendo una dramática alerta con respecto a la necesidad de su protección y uso racional, como una decisión de vida para las generaciones venideras. Estos cinco capítulos que conforman esta obra: la descripción de la cuenca, la situación socioeconómica, el ordenamiento ecológico, la disponibilidad del recurso superficial y la vulnerabilidad hídrica; son sin duda los grandes retos que los autores bien llaman estabilizadores del equilibrio ecológico; y que atendidos con acciones transversales a nivel ecológico, económico y social; pueden llevarnos una vez más a recuperar el gusto por el conocimiento científico en un tema tan importante como la administración de los recursos hídricos. Enhorabuena este libro forjado con el esfuerzo mayúsculo de Cuerpos Académicos, resulta una referencia científica obligada en el tema de la administración de los recursos hídricos por cuenca en nuestro país.

Dr. M. Alfonso Gutiérrez López
Profesor Investigador
Universidad Autónoma de Querétaro
International Flood Initiative, IFI-LAC
International Hydrological Program, IHP UNESCO
Premio Nacional de Hidráulica "Enzo Levi 2012-2014"

Capítulo 1

Marco Conceptual: La Cuenca del Río Guayalejo Tamesí

Arcos-Espinosa, Gabriel[1]; González-Turrubiates, Dora[2], Gutiérrez-López, Martín[3] y Jiménez-Hernández, Sergio[4]

[1,2,4] Profesor Tiempo Completo de la Facultad de Ingeniería "Arturo Narro Siller" de la Universidad Autónoma de Tamaulipas y Miembro Integrante del Cuerpo Académico UAT-CA-28.
E-mail: garcos@docentes.uat.edu.mx; dgonzale@docentes.uat.edu.mx; sjimenez@docentes.uat.edu.mx
[3] Profesor Tiempo Completo de la Facultad de Ingeniería de la Universidad Autónoma de Querétaro y Miembro Integrante del Cuerpo Académico UAQ-CA-46.
E-mail: alfonso.gutierrez@.uaq.mx

RESUMEN

Este primer capítulo describe en forma general la Cuenca del Río Guayalejo Tamesí (CRGT), se elaboró con el apoyo de diversas publicaciones del Diario Oficial de la Federación (DOF), con información proporcionada por el Instituto Nacional de Estadística y Geografía (INEGI), así como con la información facilitada por el Organismo de Cuenca Golfo Norte y diversa bibliografía. Tiene como finalidad mostrar dónde y cómo está constituida la CRGT, estados y municipios que se encuentran dentro de su límite hidrológico. Así mismo, se identifican algunos elementos que caracterizan la cuenca tales como: el relieve, la edafología, la fisiografía, su riqueza geológica, el clima y su variada vegetación. Se puntualiza en la descripción hidrológica de cada subcuenca que la integra. Se presentan los eventos hidrometeorológicos extremos que han impactado en la cuenca, particularmente los huracanes. Resulta significativo el padrón de cuerpos de agua que hacen posible la existencia de los Distritos de Riego. Finalmente, se describe el Sistema Lagunario del Río Tamesí (SLRT), localizado en el último tramo de la cuenca, destacando la infraestructura hidráulica que lo contiene y aísla.

Palabras clave: *Cuenca del R*ío Guayalejo *Tamesí (CRGT), Sistema Lagunario Río Tamesí (SLRT).*

1.1 INTRODUCCIÓN

En México, la planeación de los recursos hídricos toma como unidades geográficas trece zonas Hidrológico Administrativas (RHA) definidas por la Comisión Nacional del Agua (CONAGUA) desde el 18 de mayo de 1998 (DOF 18may, 1998). Cada zona está constituida por una o varias cuencas lo que garantiza que la cuenca hidrológica se constituya como la base de la administración del agua. Para facilitar el esfuerzo de descentralización de funciones, las zonas hidrológicas se agrupan en 37 Regiones Hidrológicas (RH) para hacer más eficaz la administración de los recursos hidráulicos (ver Figura 1.1). La agrupación de las cuencas se basa principalmente en rasgos orográficos e hidrográficos, de tal manera que cada Región Hidrológica se distingue por su tipo de relieve y escurrimientos, presentando características similares en su drenaje.

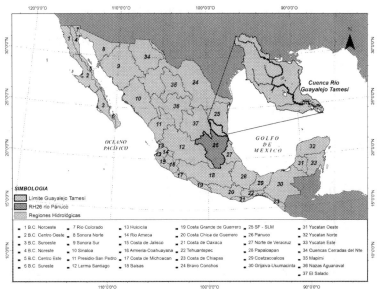

Figura 1.1 Regiones Hidrológicas en México.
Fuente: Elaboración propia a partir del Diario Oficial de la Federación ((DOF 18may, 1998) y (DOF 27may, 2016)).

3

De las 37 RH que integran el territorio mexicano, se pueden ubicar a la Cuenca del Río Guayalejo Tamesí (CRGT) dentro de la RH26 o también conocida como Región Hidrológica del río Pánuco. En la Figura 1.1 se puede observar que parte de su perímetro sirve como límite entre la RH26 y la RH25 Región Hidrológica río San Fernando-Soto La Marina. Geográficamente la cuenca se encuentra delimitada entre las coordenadas 23°57' 22"- 22°11' 05" latitud norte y 97° 51' 13" - 99° 51' 43" latitud oeste (DOF 03ene, 2008).

1.2 DELIMITACIÓN DE LA ZONA DE ESTUDIO

De acuerdo al DOF emitido el día 18 de Julio de 2011 en su segunda sección (DOF 18jul, 2011), la CRGT se encuentra constituida por 12 subcuencas hidrológicas: río El Jaumave-Chihue, río Guayalejo1, río Guayalejo 2, río Sabinas, río Comandante 1, río Comandante 2, río Mante, río Guayalejo 3, arroyo El Cojo, río Tantoán, río Guayalejo 4 y río Tamesí (ver Tabla 1.1 y Figura 1.2).

En la parte alta de la CRGT nace la subcuenca hidrológica río Jaumave-Chihue, con una superficie drenada de 3,362.5 km², y que además corresponde a la de mayor superficie en la CRGT. Esta subcuenca se encuentra delimitada al norte y al este por la RH25 río San Femando-Soto La Marina y la subcuenca hidrológica río Guayalejo 1, al oeste por la RH37 río Salado, y al sur por las subcuencas hidrológicas río Comandante 1 y río Sabinas.

La subcuenca hidrológica río Guayalejo 1, con una superficie drenada de 355.9 km², se encuentra delimitada al norte y al este por la RH25 río San Fernando-Soto La Marina, al oeste por la subcuenca hidrológica río Jaumave-Chihue y al sur por las subcuencas hidrológicas río Sabinas y río Guayalejo 2.

Tabla 1.1 Tramos que integran la CRGT.

No.	Subcuencas	Superficie (km²)
1	Río Jaumave-Chihue	3,362.50
2	Río Guayalejo 1	355.9
3	Río Guayalejo 2	1,145.40
4	Río Sabinas	612.3
5	Río Comandante 1	2,518.30
6	Río Comandante 2	247.4
7	Río Mante	69.3
8	Río Guayalejo 3	2,410.60
9	Arroyo El Cojo	400.8
10	Río Tantoán	616.4
11	Río Guayalejo 4	3,088.90
12	Río Tamesí	1,982.80
	Total:	**16,810.60**

Fuente: Elaboración propia a partir del Diario Oficial de la Federación ((DOF 18may, 1998) y (DOF 27may, 2016)).

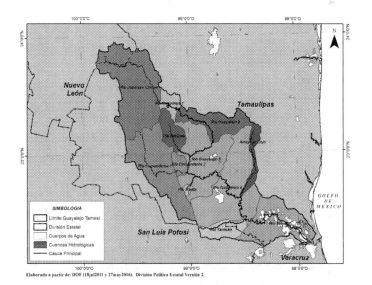

Elaborado a partir de: DOF (18jul2011 y 27may2016). División Política Estatal Versión 2.

Figura 1.2 Subcuencas hidrológicas que integran la CRGT.
Fuente: Elaboración propia a partir del Diario Oficial de la Federación ((DOF 18may, 1998) y (DOF 27may, 2016)).

La subcuenca hidrológica río Guayalejo 2 se encuentra delimitada al norte por la RH25 río San Femando-Soto La Marina, al este por la subcuenca hidrológica río Guayalejo 4 y arroyo El Cojo, al oeste por la subcuenca hidrológica río Guayalejo 1, y al sur por la subcuenca hidrológica río Guayalejo 3. Drena una superficie de 1,145.4 km^2.

La subcuenca hidrológica río Sabinas, drena una superficie de 612.3 km^2, se encuentra delimitada al norte por la subcuenca hidrológica río Guayalejo 1, al este por las subcuencas hidrológicas río Guayalejo 2 y río Guayalejo 3, al oeste por las subcuencas hidrológicas río Jaumave-Chihue y río Comandante 1, y al sur por la subcuenca hidrológica río Comandante 2.

La subcuenca hidrológica río Comandante 1, con una superficie de 2,518.3 km^2 y la tercera en extensión territorial, se encuentra delimitada al norte por la subcuenca hidrológica río Jaumave-Chihue, al este por las subcuencas hidrológicas río Sabinas, río Comandante 2, río Guayalejo 3, río Mante y río Guayalejo 4; al oeste por la RH37 río Salado, y al sur por la subcuenca hidrológica río Valles.

La subcuenca hidrológica río Comandante 2 se encuentra delimitada al norte por la subcuenca hidrológica río Sabinas, al este y al sur por la subcuenca hidrológica río Guayalejo 3, y al oeste por la subcuenca hidrológica río Comandante 1. Drena una superficie de 247.4 km^2.

La subcuenca hidrológica río Mante, la más pequeña de las subcuencas, drena una superficie de 69.3 km^2. Delimitada al norte, al este y al sur por la subcuenca hidrológica río Guayalejo 3, y al oeste por la subcuenca hidrológica río Comandante 1.

La subcuenca hidrológica río Guayalejo 3, con una superficie de 2,410.6 km², se encuentra delimitada al norte por la subcuenca hidrológica río Guayalejo 2, al este y al sur por la subcuenca hidrológica río Guayalejo 4 y al oeste por las subcuencas hidrológicas río Sabinas, río Comandante 2, río Mante y río Comandante 1.

La subcuenca hidrológica arroyo El Cojo, drena una superficie de 400.8 km², y se encuentra delimitada al norte y al este por la RH25 río San Fernando-Soto La Marina y al oeste y al sur por la subcuenca hidrológica río Guayalejo 4.

La subcuenca hidrológica río Tantoán se encuentra delimitada al norte por la subcuenca hidrológica río Guayalejo 4, al este por la subcuenca hidrológica río Tamesí, al oeste por la subcuenca hidrológica río Valles, y al sur por las subcuencas hidrológicas río Moctezuma 5 y río Pánuco 1. Drena una superficie de 616.4 km².

La penúltima subcuenca hidrológica río Guayalejo 4 delimitada al norte por la subcuenca hidrológica río Guayalejo 2, al este por la subcuenca hidrológica arroyo El Cojo y la RH25 río San Fernando-Soto La Marina, al oeste por las subcuencas hidrológicas río Guayalejo 3 y río Comandante 1 y al sur por las subcuencas hidrológicas río Tantoán y río Tamesí. Esta subcuenca es la segunda en superficie drenada con un total de 3,088.9 km².

La última subcuenca corresponde a la subcuenca hidrológica río Tamesí, que se encuentra delimitada al norte y al este por la RH25 río San Fernando-Soto La Marina, al oeste por las cuencas hidrológicas río Guayalejo 4 y río Tantoán y al sur por las cuencas hidrológicas río Pánuco 1 y río Pánuco 2 de la RH26A río Pánuco. Esta subcuenca drena una superficie de 1,982.6 km² y en ella se localizada un importante sistema de lagunas nombrado Sistema Lagunario del Río Tamesí (SLRT).

1.3 MUNICIPIOS DENTRO DE LA CUENCA

La CRGT se encuentra dentro de los territorios de cuatro estados de la República Mexicana: Nuevo León, San Luis Potosí, Tamaulipas y Veracruz, los cuales comprenden en total 23 municipios (ver Tabla 1.2 y Figura 1.3) y se extienden en un territorio de 16,810.60 km^2.

Dentro de la cuenca se localizan 1,843 localidades que concentran un total 638,016 habitantes (INEGI, 2010). De aquí se identifica a los tres municipios con mayor población (ver Tabla 1.2) dentro de la cuenca, los cuales corresponden a: Tampico (297,554 habitantes), El Mante (115,792 habitantes) y Altamira (83,123 habitantes) los tres municipios antes mencionados corresponden al Estado de Tamaulipas. Tamaulipas contabiliza el 96.20% de la población en la CRGT, el resto de los habitantes lo contabilizan los estados de Veracruz 1.71%, San Luis Potosí 1.90% y finalmente Nuevo León con 0.20%.

Los datos antes mencionados indican que la densidad poblacional en la CRGT en el año 2010, fue de 37.95 hab/km^2, valor que se encuentra por debajo del valor medio del país, 60.4 hab/ km^2 (CONAGUA, 2014).

Tabla 1.2 Población en los municipios con territorio en la CRGT.

No.	Entidad Federativa	Municipio	Territorio Ocupado km²	km²	Población 2010
1	Tamaulipas	Tampico	99.65	0.59%	297,554
2	Tamaulipas	El Mante	1,631.00	9.70%	115,792
3	Tamaulipas	Altamira	709.66	4.22%	83,123
4	Tamaulipas	González	2,961.87	17.62%	30,789
5	Tamaulipas	Xicoténcatl	879.00	5.23%	22,864
6	Tamaulipas	Llera	2,038.11	12.12%	16,479
7	Tamaulipas	Jaumave	2,642.04	15.72%	15,105
8	Tamaulipas	Ocampo	1,076.60	6.40%	11,302
9	Tamaulipas	Gómez Farías	709.00	4.22%	8,786
10	Tamaulipas	Antiguo Morelos	513.83	3.06%	8,515
11	Tamaulipas	Palmillas	459.54	2.73%	1,791
12	Tamaulipas	Tula	207.19	1.23%	1,233
13	Tamaulipas	Miquihuana	260.52	1.55%	207
14	Tamaulipas	Casas	286.49	1.70%	141
15	Tamaulipas	Güemez	73.99	0.44%	82
16	Tamaulipas	Bustamante	29.77	0.18%	10
17	Tamaulipas	Victoria	212.26	1.26%	5
18	Tamaulipas	Nuevo Morelos	2.45	0.01%	-
19	Veracruz	Pánuco	1,017.11	6.05%	10,950
20	San Luis Potosí	Ébano	262.81	1.56%	9,022
21	San Luis Potosí	Tamuín	251.39	1.50%	3,174
22	San Luis Potosí	Ciudad Valles	11.38	0.07%	-
23	Nuevo León	General Zaragoza	474.93	2.83%	1092
		Total:	**16,810.60**	**100%**	**638,016.00**

Fuente: Elaboración propia a partir del Diario Oficial de la Federación ((DOF 18may, 1998) y (DOF 27may, 2016)) y el INEGI (2010).

9

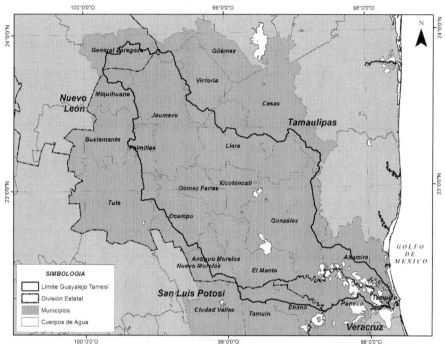

Elaborado a partir de: DOF (18jul2011 y 27may2016). División Política Estatal Versión 2.

Figura 1.3 Municipios con territorio en la CRGT.
Fuente: Elaboración propia a partir del Diario Oficial de la Federación ((DOF 18may, 1998) y (DOF 27may, 2016)).

1.4 RELIEVE

La CRGT inicia sus límites al norte en los estados de Nuevo León y Tamaulipas entre los municipios de Miquihuana y General Zaragoza (ver Figura 1.4), donde la elevación más alta es de 3,540 metros sobre el nivel medio del mar (msnm).

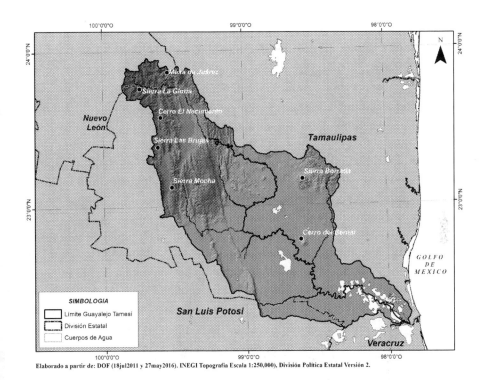

Elaborado a partir de: DOF (18jul2011 y 27may2016). INEGI Topografía Escala 1:250,000), División Política Estatal Versión 2.

Figura 1.4 Relieve en la CRGT.
Fuente: Elaboración propia a partir del INEGI (2013).

El río Guayalejo nace en la Sierra Madre Oriental al norte de Miquihuana, Tamaulipas; con el nombre de río Alamar. Inicia su recorrido en dirección oriente para recibir por su margen izquierda las descargas del arroyo Maravillas. En ese punto el río cambia de nombre a río Chihue y continúa su recorrido en dirección sur-oriente hasta recibir la confluencia del río Jaumave por la margen derecha. En ese punto el río cambia de nombre otra vez a río Guayalejo.

Posteriormente el río Guayalejo continúa su recorrido en dirección oriente pasando por la Estación Hidrométrica "La Encantada" (340 msnm) y la población de Llera, Tamaulipas; y después empieza a desarrollar una curva en dirección sur, pasando por la Estación

11

Hidrométrica "San Gabriel" (135 msnm) y continuando su recorrido en dirección sur-poniente hasta llegar a la confluencia con el río Sabinas por la margen derecha.

Después continúa en dirección sur hasta llegar a la confluencia con el río Comandante, para cambiar de dirección hacia el oriente, recibiendo la confluencia con el río Mante por la margen derecha, y continuando en dirección oriente hasta la Estación Hidrométrica "Magiscatzin" (40 msnm). Enseguida, el río Guayalejo cambia a una dirección sur-oriente para recibir las descargas del arroyo El Cojo por la margen izquierda, y luego cambia a una dirección sur hasta la confluencia con el río Tantoán por la margen derecha.

Posteriormente, el río Guayalejo cambia a una dirección oriente, pasando por la Estación Hidrométrica "Tamesí" (12 msnm), antes de entrar al Sistema Lagunario del Río Tamesí (SLRT), en donde el río Guayalejo cambia finalmente de nombre a río Tamesí. La trayectoria del río Tamesí dentro del SLRT es en dirección sur-oriente, desarrollando una gran cantidad de meandros, antes de descargar finalmente por la margen izquierda al río Pánuco.

1.5 FISIOGRAFÍA

La fisiografía de un territorio identifica a regiones en el que el relieve corresponde al resultado de la acción de un mismo conjunto de agentes modeladores del terreno, es decir, con un mismo origen geológico, un mismo o semejante tipo de suelo y de vegetación. Para un mejor conocimiento de esta diversidad estructural en México, la Dirección General de Geografía del Instituto Nacional de Estadística y Geografía (INEGI) dividió el país en 15 regiones o provincias fisiográficas (INEGI, 2001).

De lo anterior podemos acotar que en la CRGT se identifican a dos regiones o provincias fisiográficas que son: *Llanura Costera del Golfo Norte* (*LLCGM*) y *Sierra Madre Oriental* (*SMO*). Es importarte mencionar que estas provincias se subdividen en subprovincias y que se describen a continuación.

La provincia de la *Sierra Madre Oriental* (*SMO*) ocupa el 51.2% del territorio de la CRGT (ver Figura 1.5) con una sola subprovincia, la *Gran Sierra Plegada* (*GSP*). Los estratos de esta provincia fueron levantados y plegados, siguiendo un eje con dirección sur-norte, formando una sucesión de crestas alternadas con bajos. Esta provincia se extiende, en una dirección noroeste-sureste, desde el norte de la cuenca (sur del Estado de Tamaulipas), hasta el norte del Estado de Hidalgo, donde hace contacto con el *Eje Neo-Volcánico.* Ocupa parte del centro y sur del Estado de San Luis Potosí y el sureste de los Estados de Guanajuato y Querétaro.

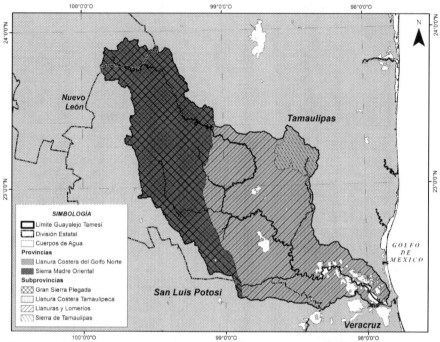

Elaborado a partir de: DOF (18jul2011 y 27may2016). División Política Estatal Versión 2. INEGI (2001). Organismo de Cuenca Golfo Norte.

Figura 1.5 Fisiografía provincias y subprovincias en la CRGT.

Fuente: Elaboración propia a partir del INEGI (2001).

La provincia *Llanura Costera del Golfo Norte* (*LLCGM*) ocupa el 57% del territorio de la CRGT (ver Figura 1.5), con las sub-provincias: *Llanuras y Lomeríos* (53%), *Llanura Costera Tamaulipeca* (0.05%) y la *Sierra de Tamaulipas* (4%). Esta provincia presenta las características de una costa emergida e interrumpida por algunas sierras aisladas. Dentro de la cuenca, se presenta principalmente en el sur del Estado de Tamaulipas, en el sureste del Estado San Luis Potosí y el norte del Estado de Veracruz, en dirección en dirección noroeste–sureste.

14

1.6 GEOLOGÍA

Esto se logró con el apoyo de las cartas geológicas del INEGI (2005) Escala 1:250,000 y de donde se pudo obtener las superficies de cada una de ellas, como se observa en la Figura 1.6 y la Tabla 1.3 donde se presentan las áreas que ocupan dentro de la cuenca.

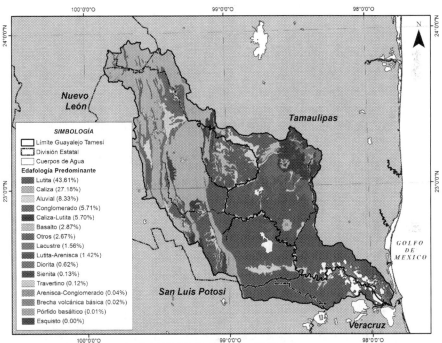

Elaborado a partir de: DOF (18jul2011 y 27may2016). INEGI (2015). División Política Estatal Versión 2.

Figura 1.6 Geología en la CRGT.
Fuente: Elaboración propia a partir del INEGI (2005).

Suelos Aluviales Q(al). Se le puede encontrar en forma masiva al pie de las sierras, en forma de lentes y en estratos medianamente definidos en las terrazas aluviales. Su granulometría tiene un rango muy amplio. Los clásticos más gruesos se presentan al pie de las sierras y los finos aguas abajo, predominan los clásticos de caliza y los de pedernal;

15

sin embargo, localmente pueden predominar los de roca intrusiva o las arcillas. Esta unidad se encuentra formando abanicos aluviales, rellenado los valles fluviales y formando planicies aluviales, los podemos encontrar en los municipios Antiguo Morelos, El Mante, Xicoténcatl, Gómez Farías, Jaumave, Llera, Miquihuana, Ocampo, Palmillas, Casas, González, Altamira, Ciudad Madero, y Tampico. Sus afloramientos más extensos se encuentran en la porción central de la cuenca.

Tabla 1.3 Suelos Geológicos en la CRGT.

No.	Suelo	Territorio Ocupado km²	Porcentaje
1	Lutita	7,331.23	43.61%
2	Caliza	4,569.56	27.18%
3	Aluvial	1,399.75	8.33%
4	Conglomerado	960.18	5.71%
5	Caliza-Lutita	958.63	5.70%
6	Basalto	482.19	2.87%
7	Otros	449.00	2.67%
8	Lacustre	262.93	1.56%
9	Lutita-Arenisca	238.71	1.42%
10	Diorita	103.53	0.62%
11	Sienita	21.73	0.13%
12	Travertino	19.51	0.12%
13	Arenisca-Conglomerado	7.13	0.04%
14	Brecha volcánica básica	3.26	0.02%
15	Pórfido basáltico	2.50	0.01%
16	Esquisto	0.75	0.00%
	Total:	**16,810.60**	**100.00%**

Fuente: Elaboración propia a partir del INEGI (2005).

Arenisca Conglomerado TR-J(ar-cg). Unidad formada por una secuencia de lechos rojos en la que se encuentran areniscas conglomeráticas, limolitas y algunos horizontes de lutitas en estratos delgados, medianos, gruesos y masivos. Esta unidad tiene colores rojo, amarillo, gris y verde. Algunas de sus areniscas presentan estratificación cruzada. Los conglomerados presentan matriz arcillo-arenosa y clásticos de cuarzo, de gneis y de rocas ígneas. En el área del municipio de Miquihuana, la unidad está representada por areniscas y limolitas con algunos horizontes conglomeráticos. La lutita gris verdosa aflora en el área de Huizachal-Peregrina al oeste y noroeste de ciudad Victoria y en las cercanías de Miquihuana. Sobreyace en forma discordante a las unidades metamórficas y a la secuencia sedimentaria paleozoica y subyace también en forma discordante, a la secuencia clástica del jurásico superior y a la unidad calcárea del cretácico inferior.

Basalto Q(B). Unidad volcánica constituida por basaltos de olivino de color negro que en algunos sitios se encuentran muy intemperizados. Se le encuentra en forma de derrames en los municipios de Ocampo y Gómez Farías. El basalto es una roca básica, pesada, resistente, de grano fino generalmente. Presenta bastante similitud con el gabro.

Brecha Volcánica Básica Q(Bvb). Esta unidad representa la culminación de la actividad volcánica en el área, aflora generalmente sobre las coladas de basalto en la *Sierra de Tamaulipas*, específicamente en el municipio de Llera. Los conos cineríticos que la constituyen están formados por pseudo estratos de material piroclástico escoriáceo de composición básica cuyos tamaños varían desde ceniza hasta brecha. El color de la unidad es gris con tonos de rojo. Por su morfología de aparatos volcánicos jóvenes y por la escasa disectación que presentan se considera como perteneciente al cuaternario. Los constituyentes de la unidad son fácilmente disgregables; esto último aunado a sus características físicas permite que sean explotados como material para la construcción y como agregados ligeros en la elaboración del concreto.

Caliza Ki(cz). Esta unidad está constituida por una secuencia calcárea depositada en dos dominios sedimentológicos: uno, de plataforma al oeste, en la provincia de la *Sierra Madre Oriental*, y el otro en el este, predominando en la *Sierra de Tamaulipas* de la provincia de la *Sierra Madre Oriental*. El dominio oeste incluye la formación *El Abra*, en sus tres fases, y localmente, al *Cuerpo Margoso de Miquihuana* y a la formación *Tamasopo*. El dominio este comprende a las formaciones *Taraises*, *Tamaulipas Inferior*, *Otates*, *Tamaulipas Superior* y *Puesta del Cura*. El *Cuerpo Margoso de Miquihuana* está constituido por un conglomerado basal de poco espesor, calizas con estilolitas, margas fosilíferas, calizas arenosas y arcillosas. Se presenta en estratos delgados, medianos y gruesos con color gris en diferentes tonos. Está expuesto en el área del municipio de Miquihuana y en las cercanías del municipio de Bustamante, como caliza-lutita del cretácico inferior. La formación *El Abra* es un paquete calcáreo tipo plataforma, está ampliamente en la *Sierra Madre Oriental* y consta de tres facies que presentan las siguientes características: La facies pre-arrecifal representada por brechas bioclásticas y calizas clásticas-bioclásticas interdigitadas con calizas arcillosas con pedernal. Estas facies se encuentran expuestas, entre otros sitios, en el flanco sur-occidental del Arco de Miquihuana y al noreste del poblado de Gómez Farías con un espesor de más de 200 m.

Caliza-Lutita Js(cz-lu). Unidad constituida por calizas, calizas arcillosas, lutitas, lutitas carbonosas, margas y algunas areniscas calcáreas, en estratos generalmente medianos y algunos delgados. Es de color gris oscuro y presenta cierto contenido de yeso. Es característica de la unidad la presencia de nódulos calcáreos con amonites. Se ubica únicamente en el municipio de Ciudad Victoria.

Conglomerado Q(cg). Esta unidad presenta constituyentes y características similares a las de la unidad de conglomerados del terciario superior, difiere de esta únicamente por su expresión morfológica, diferenciación que puede resultar no estricta. Aflora igualmente en algunos valles sinclinales de la *Sierra Madre Oriental,* en los municipios de Jaumave y Palmillas.

Diorita T(D). Esta unidad está representada por dioritas porfíricas de color gris oscuro, que en ocasiones presentan intemperismo esferoidal. Se encuentra emplazada en la porción sur-central de la *Sierra de Tamaulipas,* en los municipios de Casas, González y Llera. Forma un grupo de troncos y su expresión morfológica es de grandes bloques redondeados que contrastan con las formas angulosas de las rocas, principalmente calcáreas, en que se encuentra emplazada.

Esquistos P(E). Esta clave representa a esquistos micáceos constituidos por moscovita, clorita, cuarzo y materia carbonosa, el cuarzo se presenta en forma de vetillas deformadas. La unidad tiene colores gris, verde y negro. Su facies es de esquistos verdes. Subyace en forma discordante a la carpeta sedimentaria. El esquisto aflora en ciudad Victoria.

Lacustre Q(la). Se presenta como una intercalación de limos, arenas finas y algunas arcillas, estos clásticos se acumularan en una pequeña cuenca endorreica. La unidad presenta algunos horizontes yesíferos y forma una planicie. Esta unidad se localiza en los municipios de Altamira, González, ciudad Madero y Tampico.

Lutita-Arenisca To(lu-ar). La unidad representa a los sedimentos cercanos a la costa que constituyen a la formación *Mesón*, formada de lutitas, areniscas de grano fino, margas y algunos horizontes de limonitas arcillosas, en estratos que varía de medianos a delgados. Presenta color gris con tonos azules e intemperiza en color amarillo; subyace discordantemente a la unidad arcillo-arenosa del mioceno; aflora en los municipios de Tampico, Altamira y ciudad Madero.

Pórfido Basáltico T(PB). Es una roca formada en las profundidades de la Tierra, hace 250 millones de años. Se encuentra clasificada entre las formaciones magmáticas (masas de origen volcánico), que se fueron solidificando lentamente atrapadas en el corazón de la sierra, luego enfriada y cristalizada. Esto hace del pórfido una piedra con una alta compresión y resistencias a los agentes químicos. Estas características son similares a la del granito, sin embargo, en el pórfido se encuentran atributos similares al mármol, como la entrada de substancias foráneas durante su formación a lo largo de los millones de años, creando de esta manera una especial variedad de colores y vetas en las rocas. Se localiza únicamente en el municipio de González.

Sienita T(Si). Unidad constituida por sienitas porfídicas de nefelina, de color gris claro, algunas presentan traza de egirina. Estas unidad está emplazada en las unidades sedimentarias cretácicas que forman la *Sierra de Tamaulipas*, en los municipios de González, Llera y Casas, se presenta en forma de troncos y de mantos, forma algunos picachos que sobresalen en la Sierra. Por las relaciones estratigráficas que guarda esta unidad con las demás se puede considerar que es el intrusivo más antiguo del área.

Travertino Ts(tr). Unidad constituida por travertinos, generalmente de color claro, que se presentan ya sea masivos o con estructura esponjosa. Esta unidad presenta una morfología de mesetas, algunas con dolinas y se le encuentra depositada en los cauces de algunas corrientes. Algunos travertinos pueden utilizarse como material para acabados en la construcción. Esta unidad se localiza en los municipios de Ocampo, Tula y Jaumave.

1.7 EDAFOLOGÍA

Con base en la información vectorial 1:250,000 proporcionada por el INEGI se realizó la Figura 1.7 y la Tabla 1.4, en donde se presentan las distintas unidades de los suelos (INEGI, 2011) localizados en el área de la CRGT, la superficie que cubre cada uno de los suelos, así como el porcentaje que representa del total del área estudiada.

Vertisoles (V). Este tipo de suelo se encuentra en un 37.51% del área de la cuenca (ver Figura 1.7). Se pueden localizar en los municipios de Llera, Xicoténcatl, Gómez Farías, Ocampo, González, El Mante, Altamira, Tampico, Pánuco, Ébano y Tamuín. Estos son suelos negros, grises y rojizos, muy arcillosos que descansan sobre aluviones profundos, aunque, en muchas áreas apenas cubren las rocas arcillosas que conforman el subsuelo; sus espesores son casi de un metro. Los *Vertisoles* se agrietan considerablemente en épocas de sequía y derivados como son de aluviones muy arcillosos, contienen porcentajes altos de arcilla en todo el perfil, son muy duros, arcillosos y masivos. En muchas áreas son gravosos.

Leptosol (*LP*) se localizan en un 28.48% de la cuenca (ver Figura 1.7). Se localizan generalmente en zonas montañosas particularmente los podemos localizar en los municipios de Antiguo Morelos, Ocampo, Gómez Farías, Jaumave, Palmillas, Bustamante, Miquihuana, ciudad Victoria y General Zaragoza. Son suelos que tienen menos de 25 cm de espesor o con más de 80% de su volumen ocupado por piedra o grava. La vegetación que está relacionado con este tipo de suelo es matorral desértico, la selva baja caducifolia y el bosque de encinos.

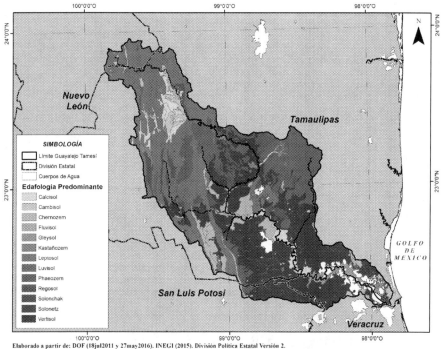

Figura 1.7 Edafología en la CRGT.
Fuente: Elaboración propia a partir del INEGI (2011).

Phaeozem (*PH*) se sitúan en un 14.73% de la cuenca (ver Figura 1.7). Son suelos de clima semiseco y subhúmedo, estos los podemos encontrar en los municipios de Casas, Llera, González, El Mante y Xicoténcatl. El color de este suelo va de pardo a negro. El relieve donde se encuentran es plano o ligeramente ondulado. Este suelo es muy importante para la agricultura de temporal.

Chernozem (*Ck*) esta unidad se localiza en un 5.59% de la superficie de la CRGT. Terreno connotativo de suelos ricos en materia orgánica que tienen un color negro, con alto contenido de humus bajo vegetación de praderas. Se localizan en superficies de área agrícola y matorrales del municipio de Jaumave, en el valle intermontano de Ocampo, en las bajadas con lomeríos de Llera y González cubiertos con agricultura y pastizales y en esta misma condición de producción en la *Llanura Aluvial* del municipio de Altamira.

Tabla 1.4 Suelos edafológicos en la CRGT.

No.	Suelo	Superficie (km²)	Porcentaje de Territorio
1	Calcisol	761.32	4.53%
2	Cambisol	311.45	1.85%
3	Chernozem	939.22	5.59%
4	Fluvisol	59.21	0.35%
5	Gleysol	334.77	1.99%
6	Kastañozem	154.46	0.92%
7	Leptosol	4,787.61	28.48%
8	Luvisol	51.96	0.31%
9	Phaeozem	2,476.21	14.73%
10	Regosol	918.86	5.47%
11	Solonchak	8.27	0.05%
12	Solonetz	4.71	0.03%
13	Vertisol	6,002.54	35.71%
	Total:	**16,810.60**	**100.00%**

Fuente: Elaboración propia a partir del INEGI (2011).

Regosoles (RG). Se localizan en una superficie de 886.75 km², correspondientes al 5.47%. Esta unidad, corresponde a suelos poco desarrollados, formados a partir de materiales de tobas y cenizas volcánicas no consolidadas en las unidades montañosas y de depósitos fluviomarinos en el litoral; generalmente tienen más de 100 cm de profundidad. Se ubican en la sierra de Güémez y ciudad Victoria, entre los bosque de pino-encino y en pastizales; en Jaumave se localiza desde la sierra plegada con bajadas, hasta el valle aluvial de piso rocoso, en áreas desde bosques de encino-pino, hasta agrícolas, pastizales y matorrales; en los municipios de Llera, Xicoténcatl, Ocampo, Antiguo Morelos, González y Gómez Farías, se presenta en las mesetas con cañadas, en los valles y lomeríos. Finalmente en Altamira, Tampico y ciudad Madero, se tienen *Regosoles* en topoformas de llanuras aluviales inundables, en lomeríos y en la llanura costera salina, respectivamente.

Calcisol (CL). Se localiza en una 4.53% de la superficie de la cuenca. Son suelos con más de 15% de carbonato de calcio en por lo menos una capa de 15 cm de espesor, pueden presentar una capa cementada. Están situados en principalmente en zonas áridas de origen sedimentario. Dentro de la cuenca se localizan mayormente en los municipios de Jaumave, Palmillas y en menor proporción en los municipios de Llera y González.

1.8 VEGETACIÓN

Para el caso de la vegetación se obtuvieron las cartas 1:250,000 proporcionadas por INEGI (ver Figura 1.8), en ellas se pueden observar que en la cuenca existen diferentes tipos de vegetación (INEGI, 2014).

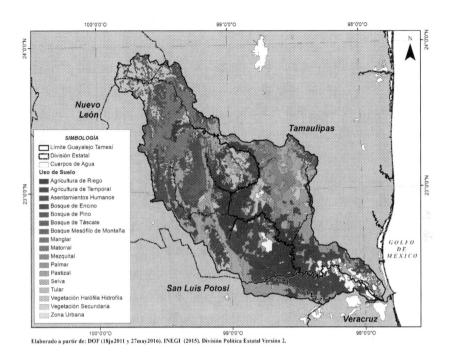

Elaborado a partir de: DOF (18ju2011 y 27may2016). INEGI (2015). División Política Estatal Versión 2.

Figura 1.8 Vegetación en la CRGT.
Fuente: Elaboración propia a partir del INEGI (2014).

La *agricultura de riego* y *temporal* representa el 33.87%. El *pastizal* constituye el 12.91% del área y podemos encontrar pastizal inducido y cultivado. Ambas áreas se encuentran en lo que se denominan las *Llanuras Costeras del Golfo de México*. El *Bosque* representa un 14.05% del área de la cuenca y podemos encontrar *Bosques de Pinos* al noroeste de la cuenca en los límites de la cuenca en su parte alta. El *Bosque de Encinos* se localiza al noroeste de la cuenca a lo largo de la parte más alta de la *Sierra Madre Oriental* entre los 1,000 y 1,800 msnm, los *Bosques de Encinos* con pinos los podemos encontrar entre los 1,800 y 2,500 msnm.

La vegetación secundaria ocupa el 12.64% en la cuenca y se puede encontrar vegetación arbórea, arbustiva y herbácea. La *Selva* la encontramos en el 10.54% del territorio y puede ser *Selva Baja Caducifolia, Selva Baja Espinosa Caducifolia* y *Selva Mediana Subcaducifolia*. El *Mezquital* lo encontramos en el 3.15% del territorio y puede ser *Mezquital Tropical* y *Mezquital Xerófilo*. El *Matorral* ocupa el 8.01% del área, se puede encontrar *Matorral Desértico Rosetófilo y Submontano*. Con una menor área dentro de la cuenca se encuentra el *Mangle* (0.16%), el *Tule* (0.98%), el *Palmar* (0.04%), las zonas urbanas (0.71%) y los asentamientos humanos (0.24%).

Se considera además, la vegetación por agricultura y pastizales, el bosque cultivado, el pastizal inducido, las áreas sin vegetación, las zonas urbanas o habitadas y los cuerpos de agua. La zona habitada representa el 0.018% (108.24 ha), la zona poblada 0.003% (21.47 ha), la zona urbana 2.60% (16,071.47 ha) y cuerpo de agua 4.497% (27,772.62 ha).

1.9 HIDROLOGIA SUPERFICIAL

De acuerdo al Diario Oficial de la Federación del (DOF 21ene, 2008) en su segunda sección los tramos de los cauces de cada cuenca hidrológica o tramo quedan integrados de la siguiente manera (ver Figura 1.9).

El río Jaumave-Chihue va desde su nacimiento hasta su confluencia con el río Guayalejo; el río Guayalejo 1 queda delimitado desde la confluencia de los río Jaumave-Chihue hasta la Estación Hidrométrica "La Encantada" (340 msnm).

El río Guayalejo 2 desde Estación Hidrométrica "La Encantada" hasta la Estación Hidrométrica "San Gabriel" (135 msnm); el río Sabinas abarca desde su nacimiento hasta la Estación Hidrométrica "Sabinas" (100 msnm); el río Comandante 1 desde su nacimiento hasta la Estación Hidrométrica "La Servilleta" (94 msnm).

El río Comandante 2 desde la Estación Hidrométrica "La Servilleta" hasta Estación Hidrométrica "Río Frío" (60 msnm); el río Mante que va desde su nacimiento hasta la Estación Hidrométrica "Mante" (60 msnm); el río Guayalejo 3 desde las Estaciones Hidrométricas "San Gabriel", "Sabinas", "Río Frío" y "Mante" hasta la Estación Hidrométrica "Magiscatzin" (40 msnm).

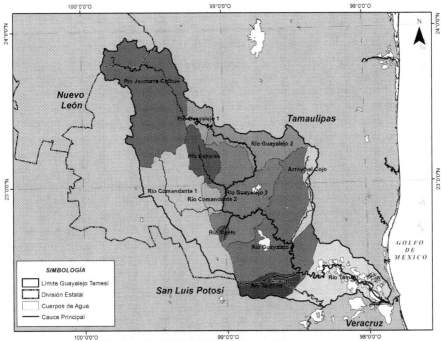

Elaborado a partir de: DOF (18jul2011 y 27may2016). INEGI (2015). División Política Estatal Versión 2.

Figura 1.9 Cauces que integran la CRGT.
Fuente: Elaboración propia a partir del Diario Oficial de la Federación ((DOF 18may, 1998) y (DOF 27may, 2016)).

El arroyo El Cojo abarca desde su nacimiento hasta la confluencia con el río Guayalejo; el río Tantoán desde su nacimiento con el río Guayalejo 3; el río Guayalejo 4 se extiende desde la Estación Hidrométrica "Magiscatzin" hasta la Estación Hidrométrica "Tamesí" (12 msnm).

El río Tamesí desde la Estación Hidrométrica "Tamesí" y las confluencias del arroyo El Cojo y el río Tantoán hasta la confluencia con el río Pánuco.

1.10 ESTACIONES CLIMATOLÓGICAS

Dentro de la cuenca existen 70 Estaciones Climatológicas y 8 Estaciones Hidrométricas de las cuales se ha elegido 30 Estaciones Climatológicas para su análisis con una serie de 1981 al 2010 (ver Figura 1.10), dado que son las que tienen el registro más completo de temperatura y precipitación. Con esta información se procedió a realizar los climogramas de algunas estaciones representativas de la CRGT.

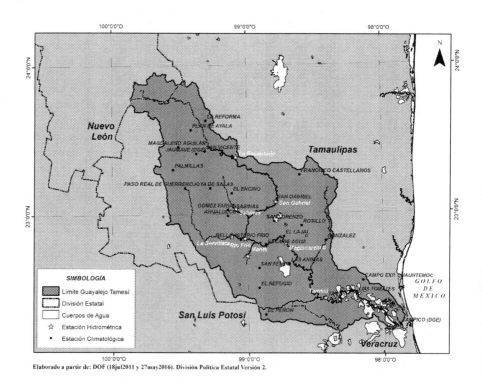

Elaborado a partir de: DOF (18jul2011 y 27may2016). División Política Estatal Versión 2.

Figura 1.10 Red de monitoreo climatológico dentro de la CRGT.
Fuente: Elaboración propia a partir de la CONAGUA (2016a).

En el Gráfico 1.1 se presenta la distribución de las variables temperatura media y precipitación, para la Estación Climatológica "Las Ánimas" ubicada en el municipio de González, donde se observó que la temperatura media mensual registra sus más altos valores en los meses de mayo, junio y agosto (29.3°C, 29.8°C y 29.4 °C, respectivamente) y los menores durante enero (19 °C) y diciembre y (19.6 °C). La temperatura promedio anual es de 25.4 °C. La precipitación total anual es de 880.7 mm, siendo los meses más húmedos de junio a septiembre donde se registraron valores de 150.5, 161.6, 136.7 y 150.5 mm. Los meses con menor precipitación son febrero (18.4 mm) y marzo (12.5 mm).

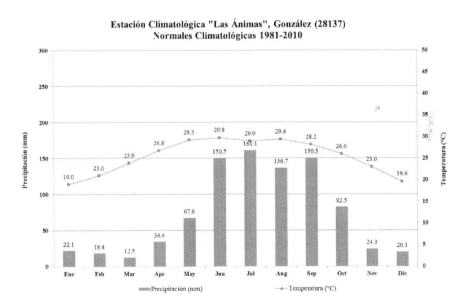

Gráfico 1.1 Climograma de la Estación Climatológica "Las Ánimas" (28137).
Fuente: Elaboración propia a partir de la CONAGUA (2016a).

La Estación Climatológica "Tampico DGE", Gráfico 1.2, donde se observa que las temperaturas medias mensuales más elevadas se localizan entre los meses de junio, julio y agosto (29, 28.7 y 29.1°C) y la menos cálida en el mes de enero con 19.2 °C. La temperatura promedio anual es de 25.10 °C. Por lo que respecta a la precipitación total anual es de 1,164.6 mm. Los meses de junio, julio, agosto, septiembre y octubre los que más precipitación reportaron (156.8, 159.8, 166.8, 286.2 y 159.2 mm).

La Estación Climatológica "Jaumave DGE", su precipitación total anual es de 452.2 mm. La tendencia de las variables temperatura media y precipitación, que integran el climograma se aprecia en la Gráfico 1.3. Las temperaturas medias oscilaron de un valor mínimo (15.9°C) en el mes de enero, con una tendencia ascendente hacia los meses de junio, julio y agosto, alcanzando valores de 25.9, 25.4°C y 25.6°C, para volver a descender hasta un valor de 15.9°C, en el mes de diciembre. La variable precipitación se encuentra repartida en forma irregular en el año, donde los mínimos se presentan en los meses de febrero, marzo y noviembre, diciembre, con valores de 7.9, 10.2, 10.7 y 8.8 mm y los máximos en los meses de junio, julio, agosto y septiembre (62.1, 59.7, 66 y 76.2 mm).

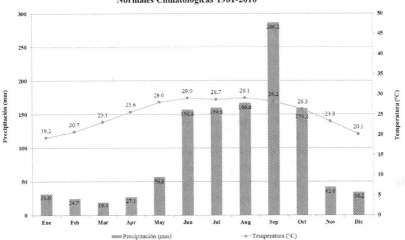

Gráfico 1.2 Climograma de la Estación
Climatológica "Tampico DGE" (28111).
Fuente: Elaboración propia a partir de la CONAGUA (2016a).

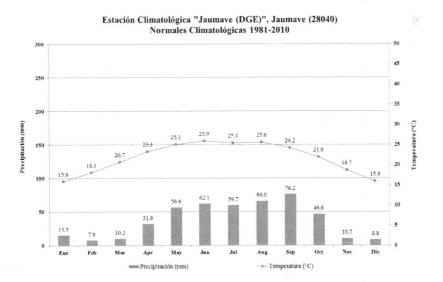

Gráfico 1.3 Climograma de la Estación
Climatológica "Jaumave DGE" (28040).
Fuente: Elaboración propia a partir de la CONAGUA (2016a).

El climograma de la Estación Climatológica "San Gabriel" (ver Gráfico 1.4). La temperatura media anual es de 24.5°C y la precipitación total anual de 811.5 mm. Referente a la variable temperatura media se observan valores mínimos de 18 y 18.6°C en los meses de enero y diciembre y más elevados en los meses de mayo, junio y agosto (28.5°C, 29.1°C y 28.5°C). En lo que se refiere a los valores de precipitación se observa que los meses con más alta precipitación son junio y julio con valores de 140.1 mm y 153.6 mm, seguido por los meses de agosto y septiembre (128.9 mm y 125.1 mm).

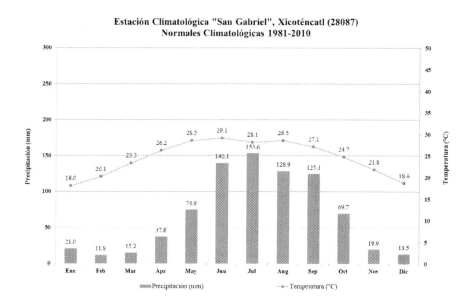

Gráfico 1.4 Climograma de la Estación
Climatológica "San Gabriel" (28087).
Fuente: Elaboración propia a partir de la CONAGUA (2016a).

El climograma de la Estación Climatológica "Palmillas" (ver Gráfico 1.5). La temperatura media anual es de 18.9 °C y la precipitación total anual de 548.4 mm. Referente a la variable temperatura media se observan valores mínimos de 14.3 y 15°C en los meses de enero y diciembre, los más elevados en los meses de junio y agosto (23.6 y 22.8 °C). En lo que se refiere a los valores de precipitación se observa que los meses con más alta precipitación son junio y septiembre con valores de 91.1 mm y 95.0 mm.

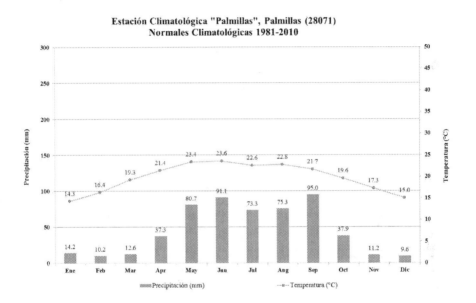

Gráfico 1.5 Climograma de la Estación Climatológica "Palmillas" (28071).
Fuente: Elaboración propia a partir de la CONAGUA (2016a).

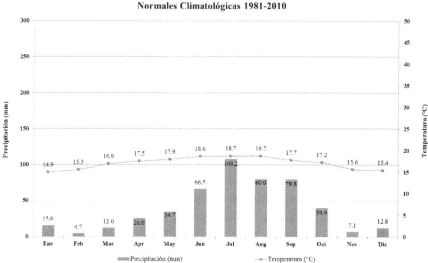

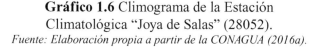

Gráfico 1.6 Climograma de la Estación
Climatológica "Joya de Salas" (28052).
Fuente: Elaboración propia a partir de la CONAGUA (2016a).

El climograma de la Estación Climatológica "Joyas de Salas" (ver Gráfico 1.6). La temperatura media se observan valores mínimos de 14.9°C y 15.4°C en los meses de enero y diciembre y más elevados en los meses de junio, julio y agosto (18.6°C, 18.7°C y 18.7°C). La temperatura media anual es de 17.1°C. En la precipitación se observa que los meses con más alta precipitación son julio, agosto y septiembre con valores de 108.2, 80.0, 79.8 mm. La precipitación total anual de 487.3 mm.

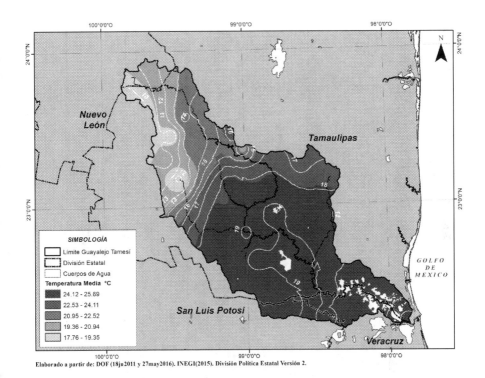

Elaborado a partir de: DOF (18jul2011 y 27may2016). INEGI(2015). División Política Estatal Versión 2.

Figura 1.11 Temperatura media en la CRGT, serie 1981-2010.
Fuente: Elaboración propia a partir de la CONAGUA (2016a).

En lo que representa al comportamiento de la temperatura en la CRGT. La temperatura media oscila entre los 17.8 °C y 25 °C. Predominando un rango de temperatura media de 24.1°C a 25 °C en el territorio conocido como las *Llanuras Costeras del Golfo Norte*. Las temperaturas de 17.8 a 20 °C se presentan en las provincias de la *Sierra Madre Oriental* y subprovincia de la *Gran Sierra Plegada* (ver Figura 1.11).

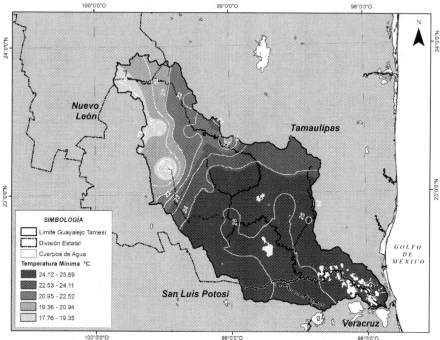

Elaborado a partir de: DOF (18ju2011 y 27may2016). INEGI(2015). División Política Estatal Versión 2.

Figura 1.12 Temperatura mínima en la CRGT, serie 1981-2010.
Fuente: Elaboración propia a partir de la CONAGUA (2016a).

La temperatura mínima en la CRGT va desde los 9.3°C hasta los 21°C y se presentan principalmente en el mes de enero. Las variaciones extremas de temperatura durante los meses invernales hacen que se presenten heladas en las partes altas de la CRGT. La cuenca presenta temperaturas mínimas de 9.3°C a 12 °C, en gran parte de la *Sierra Madre Oriental*. Las temperaturas mínimas que van de 19.1 a 21 °C se pueden observar en el último tramo de la CRGT denominado río Tamesí (ver Figura 1.12).

La temperatura máxima registrada dentro de la CRGT va desde los 23.5 °C hasta los 32 °C y se observa entre los meses de junio a agosto. Las máximas temperaturas oscilan entre los 30.1°C y

32 °C, y se observan en más de la mitad del territorio de la CRGT y particularmente en la provincia de las *Llanuras Costeras del Golfo Norte*. Mientras que en las partes altas del CRGT se tiene temperaturas máximas entre 28.1°C a 30 °C en una franja que forma parte de la *Sierra Madre Oriental* (ver Figura 1.13).

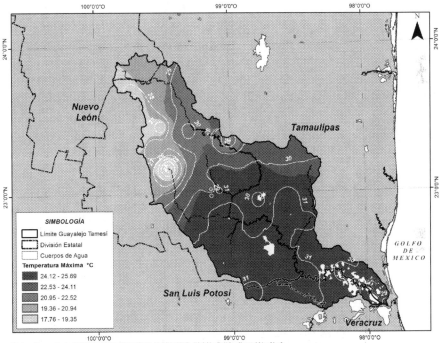

Elaborado a partir de: DOF (18ju2011 y 27may2016). INEGI (2015). División Política Estatal Versión 2.

Figura 1.13 Temperatura máxima en la CRGT, serie 1981-2010.
Fuente: Elaboración propia a partir de la CONAGUA (2016a).

1.11 ESTACIONES HIDROMÉTRICAS

En lo que respecta al registro hidrométrico en la CRGT, de las 8 Estaciones Hidrométricas ubicadas en la CRGT (ver Tabla 1.5) con la mejor calidad de datos se tienen: Estación Hidrométrica "Mante" ubicada sobre el río del mismo nombre que cuentan con registros desde 1927 hasta la actualidad; Estación Hidrométrica "San Gabriel II" sobre el río Guayalejo 3 con registros desde 1942, y aguas arriba sobre el mismo río, se localiza la Estación Hidrométrica "La Encantada" que cuenta con registros desde 1949, y finalmente, la Estación Hidrométrica "Magiscatzin" con datos desde 1954.

Tabla 1.5 Estaciones Hidrométricas ubicadas dentro de la CRGT.

No.	Clave	Nombre	Subcuenca	Coordenadas	
				UTM_X	UTM_Y
1	26334	Mante	Río Mante	499,857.00	2,512,309.00
2	26388	Sabina	Río Sabinas	491,320.00	2,547,366.00
3	26280	La Servilleta	Río Comandante	487,888.00	2,526,920.00
4	26296	Río Frío	Río Frío	498,147.00	2,525,224.00
5	26218	La Encantada	Río Guayalejo 2	491,484.00	2,585,958.00
6	26149	San Gabriel II	Río Guayalejo 3	522,193.00	2,550,916.00
7	26249	Magiscatzin	Río Guayalejo 4	528,936.00	2,521,561.00
8	26416	Tamesí	Río Tamesí	558,916.00	2,480,259.00

Fuente: Elaboración propia a partir del Banco Nacional de Aguas Superficiales de la (CONAGUA, 2016b).

A continuación, se realizará una caracterización hidrométrica en la Estación Hidrométrica "Magiscatzin", para ello los datos de partida necesarios son las series completas de aportaciones de los caudales medios diarios correspondientes a *30* años. La serie de registros hidrométricos fue obtenida del Banco Nacional de Aguas Superficiales (BANDAS) (CONAGUA, 2016b). Utilizando los criterios planteados por Richards (1990), para estimar los valores característicos de cada uno de los afluentes.

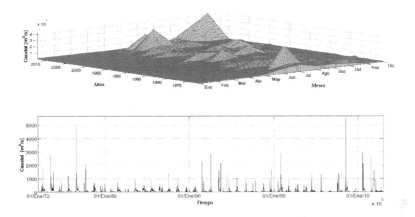

Gráfico 1.7 Hidrograma de escurrimiento en la
Estación Hidrométrica "Magiscatzin" (26249).
*Fuente: Elaboración propia a partir del Banco Nacional de
Aguas Superficiales de la CONAGUA (2016b).*

La descarga media obtenida para la serie entre el 1 de enero de 1972 y el 31 de diciembre de 2012 es de 71.45 m³/s. Los valores máximos de escurrimiento oscilan entre 4,985.9 m³/s y 5,461.94 m³/s, tal es el caso del registro del 14 julio de 1973 y 10 julio de 2008, respectivamente (ver Gráfico 1.7). En contraste podemos encontrar valores mínimos de 0.291 m³/s registrados el día 2 de enero de 1993.

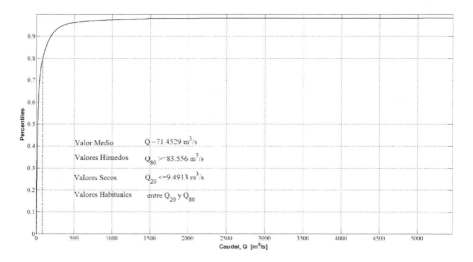

Gráfico 1.8 Función de distribución del escurrimiento en
la Estación Hidrométrica "Magiscatzin" (26249).
*Fuente: Elaboración propia a partir del Banco Nacional de
Aguas Superficiales de la CONAGUA (2016b).*

Con los valores del porcentaje de probabilidad propuestos por Richards (1990): para avenidas: valores mayores al 80% de probabilidad, Q_{80} y para estiaje: valores menores al 20% de probabilidad, Q_{20}. Los valores calculados por la función de distribución de probabilidades para el río Guayalejo, determinan que las avenidas se presentan cuando los caudales son mayores a 83.56 m³/s, mientras que el estiaje se presenta cuando los caudales son menores a 9.49 m³/s (ver Gráfico 1.8).

1.12 UNIDADES CLIMÁTICAS

A continuación, se presentan los distintos tipos de climas en la CRGT (ver Figura 1.14 y Tabla 1.6), la clasificación corresponde a la de Köppen adaptada por (García, E., 2004) a las condiciones de la República Mexicana. En donde se observa que dentro de la cuenca existen tres tipos de climas: *Cálido (A)*, *Seco (B)*, y *Templado (C)*.

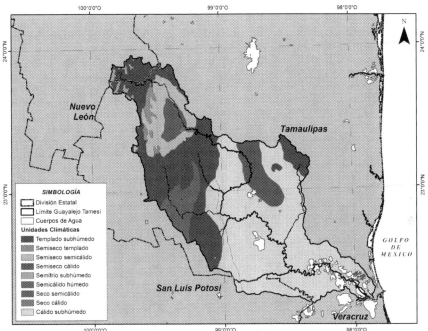

Elaborado a partir de: DOF (18jul2011 y 27may2016). INEGI(2015). División Política Estatal Versión 2.

Figura 1.14 Tipos de unidades climáticas dentro de la CRGT.
Fuente: Elaboración propia a partir del INEGI (2016c).

Tipo Cálido Subhúmedo con Lluvias en Verano Aw0 y Aw1. Este tipo de clima abarca la mayor superficie de la cuenca, el 50.35% de la superficie. Se observa en los municipios de Altamira, González, Mante, Xicoténcatl, Llera y porciones de los municipios de Casas, Gómez Farías y Ocampo.

Subtipo Seco Cálido y semicálido BS0(h')hw y BS0hw. Cubre el 2.74% de la superficie, situado en regiones de los municipios de Victoria y Jaumave. Se caracteriza por presentar lluvias en verano, con un porcentaje de lluvia invernal entre 5 y 10.2 mm, con verano cálido.

Tipo Semicálido Húmedo con Abundantes Lluvias en Verano (A) C(m)(w). Envuelve el 4.85% de la superficie total. Este tipo de clima

41

abarca partes de los municipios de Ocampo, Gómez Farías y Llera. Es precisamente en la parte meridional de la sierra, cuyas cadenas montañosas son menos elevadas y que posee valles más amplios como el de Ocampo, donde se encuentran climas semicálidos con lluvias muy intensas en verano.

Tabla 1.6 Tipos de unidades climáticas en la CRGT.

No.	Clima	Superficie (km²)	Porcentaje de Territorio
1	Cálido subhúmedo	8,464.58	50.35%
2	Seco cálido	41.36	0.25%
3	Seco semicálido	417.81	2.49%
4	Semicálido húmedo	815.43	4.85%
5	Semifrío subhúmedo	134.64	0.80%
6	Semiseco cálido	923.44	5.49%
7	Semiseco semicálido	1,200.58	7.14%
8	Semiseco templado	207.72	1.24%
9	Templado subhúmedo	4,605.04	27.39%
	Total:	**16,810.60**	**100.00%**

Fuente: Elaboración propia a partir del INEGI (2016c).

Tipo Semifrío Subhúmedo con Lluvias en Verano C(E)(w1)(x'): Cubre un pequeño porcentaje de la cuenca con 0.80%, ubicadas en la región suroeste del municipio de Miquihuana y noroeste de Jaumave. Agrupa los subtipos de humedad media de los semifríos subhúmedos, presenta un porcentaje de lluvia invernal mayor de 10.2 mm. La condición de semifrío está determinada por la altitud que supera los 1500 msnm. La Estación Climatológica "Uvalle" es representativa de este tipo de clima, se localiza en el municipio de Miquihuana.

Subtipo Semiseco Cálidos y muy Cálido BS1(h')hw: Cubre el 5.49% de la superficie, repartidas espacialmente en la porción central del municipio de Llera, al suroeste de Casas, y al noreste de Xicoténcatl. La temperatura media anual es de 24.0°C y la precipitación media anual es de 734.3 mm.

Subtipo Semiseco Semicálido BS1hw. Ocupa el 7.14% de la superficie en estudio, localizada predominantemente en el municipio de Jaumave y en menor proporción en los municipios de ciudad Victoria, Palmillas y Bustamante. La Estación Climatológica "Magdalena Aguilar", es la representativa de este tipo de clima.

Subtipo Semiseco Templado BS1kw. Se presenta en 1.24% de la zona de estudio, localizadas en la parte noroeste del municipio de Jaumave y pequeñas porciones de los municipios de Palmillas y Bustamante. Este tipo de clima presenta lluvias en verano, con una precipitación entre 5 y 10.2 mm, tiene un verano cálido.

Tipo Templado Subhúmedo con Lluvias en Verano C(w1). Cubre el 27.39% de la superficie en estudio. Este tipo de clima se ubica en pequeñas porciones en los municipios de Palmillas Miquihuana, Jaumave y Gómez Farías. Agrupa los subtipos de humedad media de los templados subhúmedos, presenta un porcentaje de lluvia invernal entre 5 y 10.2 mm. Presenta una temperatura media anual de 16.2°C y una precipitación total anual de 795.6 mm. Se presenta la distribución de las variables temperatura media y precipitación, para la Estación Climatológica "Joya de Salas", que es representativa del tipo de clima descrito.

1.13 DISTRITOS DE RIEGO

Los Distritos de Riego (DR) son proyectos de irrigación desarrollados desde 1929 por el Gobierno Federal que incluyen diversas obras, tales como vasos de almacenamiento, derivaciones directas, plantas de bombeo, pozos, canales y caminos, entre otros. Actualmente en México existen 112 DR que en suma representan 3´498,164.00 hectáreas. Actualmente en la CRGT existen cinco DR como se puede apreciar en la Figura 1.15 y la Tabla 1.7.

Tabla 1.7 Distritos de Riego en la CRGT.

No.	Clave	Nombre	Superficie (ha)
1	DR-002	Mante	18,094.00
2	DR-029	Xicoténcatl	24,021.00
3	DR-092A	Río Pánuco "Las Ánimas"	54,882.00
4	DR-092B	Río Pánuco "Chicayán"	44,483.00
5	DR-092C	Río Pánuco "Pujal Coy I"	41,389.00

Fuente: Elaboración propia a partir del Organismo de Cuenca Golfo Norte OCGN (2016).

La productividad del agua en los DR es un indicador clave para evaluar la eficiencia con la que se utiliza el agua para la producción de alimentos, que depende de la eficiencia en la conducción desde la fuente de abastecimiento hasta las parcelas y la aplicación de la misma. Cabe aclarar que la productividad del agua puede tener una gran variación en función de las condiciones meteorológicas.

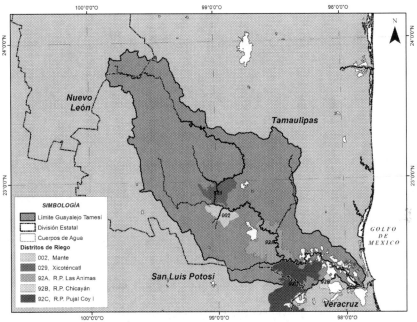

Elaborado a partir de: DOF (18jul2011 y 27may2017). INEGI (2015). División Política Estatal Versión 2.

Figura 1.15 Localización de las superficies de los DR en la CRGT.
Fuente: Elaboración propia a partir Organismo de Cuenca Golfo Norte OCGN (2016).

1.14 PRESAS Y BORDOS

Se construyen presas para crear un lago artificial o derivar el río a una cota prefijada, con objeto de almacenar o capturar los escurrimientos y regar tierras o generar energía eléctrica, o bien, dotar de agua potable a poblaciones o centros industriales (Marsal & Reséndiz, 1975).

En México existen más 5,163 presas y bordos de Almacenamiento con una capacidad de almacenamiento de 150 mil millones de m³, de las cuales 172 representan el 80% de almacenamiento a nivel nacional. Estas obras de almacenamiento en México la CONAGUA las clasifica (ver Tabla 1.8) de acuerdo a los criterios del International Comission on Large Dams (ICOLD en inglés) (ICOLD, 2014).

Tabla 1.8 Clasificación de Presas y Bordos.

Tamaño	Altura (m)	Almacenamiento (Hm³)
Grande	$h \geq 15$ m	$V \geq 3$ Hm³
Pequeña	5 m $\leq h < 15$ m	0.5 Hm³ $< V < 3$ Hm³
Bordo	3 m $< h$	$V \leq 0.5$ Hm³

Fuente: ICOLD (2014).

De los 135 cuerpos agua que han sido registrados dentro del Sistema Informático de Seguridad de Presas (SISP, 2016) dentro de la CRGT actualmente existen: 5 presas grandes, 8 presas medianas, 44 presas pequeñas, 59 bordos y 19 cuerpos de agua sin datos. En la Tabla 1.9 se puede observar cómo están localizados por municipio los cuerpos de agua, donde destaca el municipio de González con 64, posteriormente Altamira con 20 y Jaumave con 16 cuerpos de agua.

Tabla 1.9 Cuerpos de agua por municipio en la CRGT.

No.	Municipio	Cuerpos de Agua
1	González	64
2	Altamira	20
3	Jaumave	16
4	Llera	9
5	Palmillas	8
6	El Mante	6
7	Xicoténcatl	5
8	Antiguo Morelos	4
9	Gómez Farías	2
10	Ocampo	1
	Total:	135

Fuente: Elaboración propia a partir del SISP (2016).

A continuación se enlistan en la Tabla 1.10 las grandes presas localizadas en la CRGT, destacando que las dos grandes presas se localizan una en el municipio de Xicoténcatl como lo es la Presa Lic. Emilio Portes Gil ubicada en la cuenca del río Guayalejo 4 y la otra en el municipio de El Mante, la Presa Ramiro Caballero Dorantes (ver Figura 1.16). A continuación se describen algunas de sus características de infraestructura.

Tabla 1.10 Grandes presas localizadas dentro del territorio de la CRGT.

No.	Clave	Nombre	Municipio	Altura de Cortina (m)	Materiales
1	3478	Lic. Emilio Portes Gil	Xicoténcatl	50.40	Materiales Graduados
2	3557	Estudiante Ramiro Caballero Dorantes	El Mante	31.20	Materiales Graduados
3	4773	Venustiano Carranza II	González	29.00	Materiales Graduados
4	4730	Der. Saca De Agua	El Mante	22.20	Concreto Reforzado
5	3615	José Bernardo Gutiérrez De Lara	Antiguo Morelos	21.40	Homogénea (Protección Encoramiento)

Fuente: Elaboración propia a partir del SISP (2016).

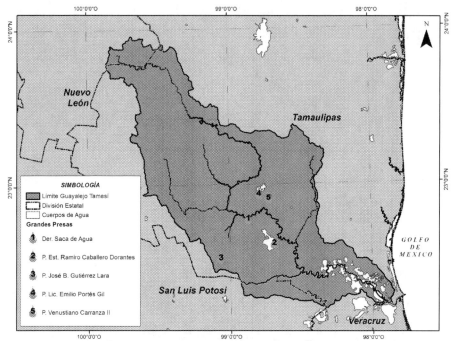

Elaborado a partir de: DOF (18jul2011 y 27may2016). INEGI (2015). Sistema Informático de Seguridad de Presas (SISP) 2015. División Política Estatal Versión 2.

Figura 1.16 Presas y bordos de protección localizados en la CRGT.
Fuente: Elaboración propia, a partir de SISP (2016).

Presa Estudiante Ramiro Caballero Dorantes "La Ánimas": localizada en la subcuenca hidrológica río Guayalejo 4 en el municipio de El Mante, Tamaulipas. Construida entre los años 1973 a 1976 por la Secretaría de Recursos Hidráulicos, cuyo propósito fue el almacenamiento, es una presa de tipo flexible de materiales graduados, con dos diques con una longitud total de 9.9 km, la cortina posee una longitud de 7,760 m y un ancho de corona de 8 m, ambos taludes son de 2:1, y cuenta con una altura máxima de 31.2 m sobre el cauce, su volumen al Nivel de Aguas Máximas Extraordinarias (NAME) es de 670.00 hm³. Cuenta con un vertedor de cresta recta con una capacidad de descarga de 500.00 m³/s. Dos obras de toma con un gasto de diseño de 30 m³/s cada una.

Presa Lic. Emilio Portes Gil "San Lorenzo": ubicada en la subcuenca hidrológica río Guayalejo 3 en el municipio de Xicoténcatl, Tamaulipas. Su construcción fue terminada en 1983 por la Secretaría de Recursos Hidráulicos, es una cortina tipo flexible de materiales graduados con una cortina de 3,219.23 m de longitud, un ancho de corona de 8 m, ambos taludes son de 2:1, y su altura máxima es de 47.4 m sobre el cauce. Su volumen al NAME es de 272.00 hm³. Con un vertedor libre tipo cimacio con una capacidad de descarga de 32 m³/s. Una obra de toma tipo puente de maniobras con compuertas radiales con pantalla de concreto con una capacidad de 24 m³/s.

Presa Venustiano Carranza II "Venustiano Carranza II": ubicada en el tramo río Guayalejo 3, en el municipio de González, Tamaulipas. Esta presa fue construida en 1983 por Secretaría de Agricultura y Recursos Hidráulicos, es una cortina flexible de materiales graduados, con un ancho de corona de 6.00 m, una longitud de 680.00 m, taludes de 2:1 y 1.75:1, altura máxima sobre el cauce de 25.00 m. Su volumen al NAME es de 29.00 hm³. Una obra de toma tipo Torre-galería con compuertas deslizante de fierro fundido con una capacidad de 10.20 m³/s. Un vertedor de operación libre tipo cimacio con una longitud de 200.00 m y una capacidad de descarga de 1,430 m³/s.

Presa José Bernardo Gutiérrez de Lara "El Oyul": localiza dentro del tramo río Comandante en el municipio de Antiguo Morelos, Tamaulipas. Esta obra fue construida en 1971 por la Secretaría de Recursos Hidráulicos, es una cortina tipo flexible de materiales graduados con protección de enrocamiento, un ancho de corona de 4.00 m, una longitud de 645.00 m, ambos talud son de 2:1, altura máxima sobre el cauce 19.90 m, el volumen al NAMO es de 13.50

hm³. El vertedor de operación libre es de tipo lavadero, con una longitud de 83.00 m y una capacidad de 366.00 m³/s.

1.15 AGUAS SUBTERRANEAS

Los acuíferos comprendidos dentro del espacio geográfico de la CRGT según el "ACUERDO por el que se da a conocer al público en general la denominación única de los acuíferos reconocidos en el territorio de los Estados Unidos Mexicanos, por la Comisión Nacional del Agua, y la homologación..." (DOF 05dic, 2001), son cuatro (ver Tabla 1.11). En la Figura 1.17 se muestra la localización y la superficie de cada acuífero. A continuación se describen los acuíferos.

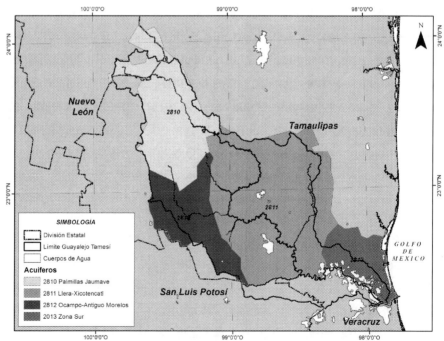

Elaborado a partir de: DOF (18ju2011 y 27may2016). INEGI (2015). División Política Estatal Versión 2.

Figura 1.17 Localización de los acuíferos dentro de la CRGT.
Fuente: Elaboración propia a partir del Diario Oficial de la Federación (DOF 05dic, 2001).

El *Acuífero Palmillas-Jaumave* presenta una disponibilidad media anual de aguas de 8.96 Mm^3, el acuífero de mayor disponibilidad en la cuenca es *Acuífero Ocampo-Antiguo Morelos* con una disponibilidad de 21.75 Mm^3, el *Acuífero de Llera-Xicoténcatl* presenta una disponibilidad de 10.82 Mm^3 y por último el *Acuífero de la Zona Sur* con disponibilidad de 8.77 Mm^3 sumando una disponibilidad en la cuenca de 52.3 Mm^3.

Tabla 1.11 Disponibilidad en los acuíferos de la CRGT.

No.	Clave	Nombre	Fecha de Publicación	Disponibilidad (Mm³)
1	2810	Palmillas - Jaumave	14-dic-11	8.90
2	2811	Llera - Xicontecatl	03-ene-08	10.82
3	2812	Ocampo-Antiguo Morelos	04-ene-08	21.75
4	2813	Zona Sur	14-dic-11	8.78
			Total:	50.25

Fuente: Elaboración propia a partir del Diario Oficial de la Federación (DOF 05dic, 2001).

1.16 USOS DE AGUA

La CONAGUA en sus distintas ediciones de las *Estadísticas del Agua en México*, divide la distribución del uso del agua en cuatro grupos: uso agrícola, uso público, industria abastecida y energía eléctrica (excluyendo hidroelectricidad). Según informes del Organismo de Cuenca Golfo Norte OCGN, en el 2014 el agua que se extraía anualmente de manera superficial mediante títulos inscritos en el Registro Público de Derechos de Agua (REPDA), es de 1´503,326.00 m^3, este volumen se extrae para sus diferentes usos como se muestra en el Gráfico 1.9.

Uso Agrícola. El principal uso del recurso hídrico a nivel nacional lo constituye este uso, según los Informes del Agua del 2014

(CONAGUA, 2014), del total de volumen concesionado, este uso en particular extrae el 75.72% de ese volumen. Dentro de esta cuenca este valor es de 69.0%.

Uso público urbano: Este uso es el que se entrega generalmente a los organismos operadores de agua y que son los encargados de poner el agua en las redes de agua potable y llevarlos hasta los hogares. Este es el segundo uso con un 14.65% y gran parte de este uso es extraído de aguas superficiales. En la CRGT este volumen representa el 23.0%.

Uso industria abastecida: Este rubro es el que toma el agua de los ríos, arroyos, lagos y de acuíferos y representa a nivel nacional el 4.09% de las aguas que se extraen. Dentro de la cuenca representa el 8.0% y los municipios que más extraen son: El Mante y Altamira.

Distribución de los Volúmenes de Agua Concesionada, según Uso.

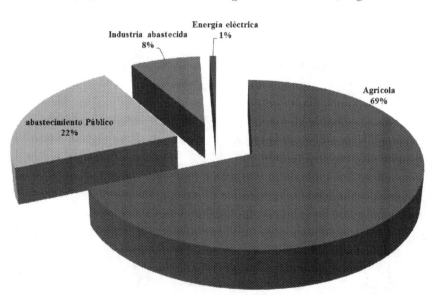

Gráfico 1.9 Distribución del agua por usos en la CRGT.
Fuente: Elaboración propia a partir del REPDA (OCGN, 2016).

Uso energía eléctrica: Aquí están incluidas las de uso de vapor duales, carboeléctricas, de ciclo combinado, de turbo gas y de combustión interna y estas representan a nivel nacional el 5.55% del agua que se extrae. En esta cuenca este rubro representa el 1.0% de los volúmenes extraídos.

1.17 AREAS NATURALES PROTEGIDAS

Entiéndase por Áreas Naturales Protegidas (ANP) a las porciones terrestres o acuáticas representativas de los diversos ecosistemas, las cuales no han sido alterados antropogénicamente y que producen beneficios ecológicos cada vez más reconocidos y valorados, por lo cual están sujetas a regímenes especiales de protección, conservación, restauración y desarrollo (CONAGUA, 2014).

A nivel estatal, la CRGT tiene cuatro ANP decretadas; mientras que sólo existen dos Áreas Naturales Protegidas a nivel municipal. En la Tabla 1.12 se enlistan las Áreas Naturales Protegidas estatales y municipales dentro de la CRGT. En la Figura 1.18 se muestran todas las áreas naturales protegidas estatales y municipales, dentro de la CRGT.

Tabla 1.12 *Áreas Naturales Protegidas Estatales* y Municipales en CRGT.

No.	Nombre	Categoría de Manejo	Entidad/ Municipio	Decreto	Superficie (ha)
1	Altas Cumbres	Zona Especial Sujeta a Conservación Ecológica	Tamaulipas	19/11/1997	31,251.23
2	Santa Marta de Abajo	Zona Especial Sujeta a Conservación Ecológica	Nuevo León	24/11/2000	21.31
3	El Cielo	Área Ecológica Protegida Reserva de la Biosfera	Tamaulipas	13/07/1985	135,037.90
4	Bernal de Horcasitas o Cerro de Bernal	Monumento Natural	Tamaulipas	30/08/1997	18,018.56
5	La Vega Escondida (Pol 1)	Zona especial sujeta a conservación ecológica	Tampico, Tamaulipas	12/11/2003	2,667.96
6	La Vega Escondida (Pol 2)	Zona especial sujeta a conservación ecológica	Tampico, Tamaulipas	12/11/2003	1,030.23

Fuente: Elaboración propia a partir de CONANP (2016).

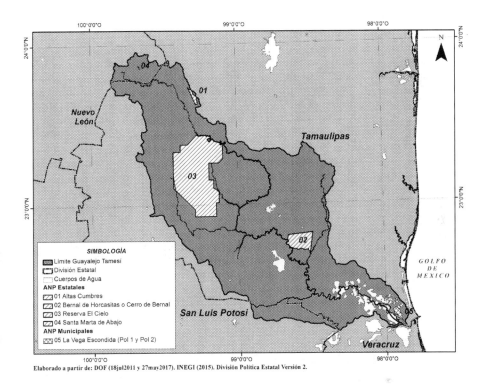

Elaborado a partir de: DOF (18jul2011 y 27may2017). INEGI (2015). División Política Estatal Versión 2.

Figura 1.18 Áreas Naturales Protegidas Estatales y Municipales en la CRGT.
Fuente: Elaboración propia a partir de CONANP (2016).

1.18 EVENTOS HIDROMETEOROLÓGICOS EXTREMOS (HURACANES)

Los ciclones tropicales o huracanes, son fenómenos naturales capaces de causar graves daños a las poblaciones costeras y ocasionar pérdidas humanas. Particularmente en el Golfo de México, se puede decir que la población de zonas bajas está expuesta con mayor frecuencia a los siguientes peligros naturales: ciclones tropicales, inundaciones, vientos del norte, erosión y azolves (Carranza, 2005).

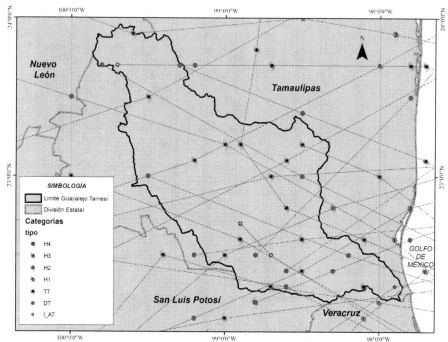

Elaborado a partir de: DOF (18jul2011 y 27may2016) y de datos del Centro National Hurricane Center del Servicio Meteorológico Nacional de los E. U.

Figura 1.19 Huracanes que han impactado en la CRGT de 1851-2013.
Fuente: Elaboración propia a partir NHC-NOAA (2015).

El Centro Nacional de Huracanes del Servicio Meteorológico Nacional de los Estados Unidos (NHC), es una división que se encarga de monitorear y predecir el comportamiento de depresiones tropicales, tormentas tropicales y huracanes. En México en el Atlántico cada año la temporada de huracanes da comienzo el 1 de junio y termina el 30 de noviembre puntualizando que estos eventos proceden generalmente del Mar de las Antillas, así como del propio Golfo de México.

Tabla 1.13 Registro de eventos hidrometeorológicos
extremos en la CRGT de 1851-2013.

No.	Año/Nombre	Mes	Día	Hora	Tipo	Vientos (km/h)
1	1863_7	Septiembre	19	18	TT	70
2	1878_2	Agosto	18	12	H1	130
3	1903_2	Agosto	16	6	H1	130
4	1909_5	Agosto	10	12	DT	55
5	1921_2	Septiembre	7	6	TT	100
6	1931_6	Septiembre	13	12	DT	45
7	1933_2	Julio	7	6	TT	110
8	1933_13	Septiembre	15	12	H2	175
9	1933_14	Septiembre	25	0	H2	175
10	1936_7	Agosto	12	18	DT	55
11	1936_8	Agosto	19	6	H1	120
12	1938_3	Agosto	28	12	TT	100
13	1950_8	Octubre	4	12	DT	55
14	1951_Charlie	Agosto	23	0	H1	120
15	1955_Hilda	Septiembre	19	12	TT	70
16	1966_Inez	Octubre	10	12	H3	195
17	1967_Fern	Octubre	4	6	DT	55
18	1970_Ella	Septiembre	13	0	TT	75
19	1970_Greta	Octubre	4	18	DT	45
20	1977_Anita	Septiembre	2	18	H1	130
21	2000_Keith	Octubre	5	18	H1	150
22	2005_Gert	Julio	25	6	DT	55
23	2010_Alex	Julio	1	6	H1	140
24	2012_Helene	Agosto	18	0	DT	55.56
25	2013_Eigth	Septiembre	6	18	DT	55.56
26	2013_Ingrid	Septiembre	17	0	DT	46.3

Fuente: Elaboración propia a partir NHC-NOAA (2015).

Con los registros que se tiene desde los años de 1851 al 2013 se concluye que la CRGT ha sido impactada por 26 ciclones (ver Figura 1.19 y Tabla 1.13). Como se puede observar en la Tabla 1.13, de los 26 eventos registrados los de mayor incidencia son: la *Depresión Tropical*, con 10 eventos y los *Huracanes* con 10 eventos, seguidos de *las Tormentas Tropicales*, con 6 eventos registrados. De los *Huracanes* impactados, según su categoría se tienen 7 registros de categoría 1, 2 de categoría 2 y 1 de categoría 1.

Por otra parte, la cuenca se ve más expuesta a estos eventos hidrometeorológicos en el mes de septiembre, ya que de los 26 eventos tan sólo en este mes han ingresado a la cuenca 10 eventos, siguiéndole el mes de agosto con 8 eventos, el mes de julio con 3 eventos, el mes de julio con 3 eventos y finalmente fuera 5 eventos en el mes de octubre (ver Tabla 1.13).

1.19 EL SISTEMA LAGUNARIO DEL RÍO TAMESÍ

En el último tramo de la CRGT en la parte denominada cuenca del río Tamesí, se puede observar la mayor densidad de cuerpos de agua, que en su mayoría son bordos. Sin embargo, resalta el sistema de 16 lagunas, todas ellas cuerpos de agua en su mayoría de agua dulce que se encuentran conectadas al río Tamesí (ver Figura 1.20).

Tabla 1.144 Longitudes de las estructuras en el último tramo de la CRGT.

No.	Estructura	Longitud (m)
1	Estructura de control de Avenidas	24.47
2	Dique No. 5	417.23
3	Isleta la Pitaya	173.06
4	Dique No. 6	776.23
5	Estructura de control de niveles	10.92
6	Dique No. 7	3,030.62
7	Barrote izquierdo del río Tamesí	440.05
8	Dique No. 4	39.62
9	Barrote del río Tamesí	9,788
10	Barrote Estero el Camalote	5,078.36
11	Montículo	1,450.00
12	Dique Mata la Monteada	1,500.00
	Total:	22,728.56

Fuente: Elaboración propia, a partir de IMEPLAN (2008).

En este último tramo, para contener toda esta agua se han instalado una serie de infraestructura hidráulica que consiste en bordos, barrotes, vertedores y esclusas, que evitan que toda esta agua que escurre por los diferentes afluentes hasta llegar a esta área se mezcle con el agua salada del *río* Pánuco.

La única laguna de las 16 existentes que es de agua salobre es la *Laguna de la Costa* que se conecta directamente al río Pánuco. La infraestructura que se ha construido y así evitar lo antes mencionado son: los bordos 4, 5, 6 y 7 entre la *Laguna de la Costa* y la *Laguna del Chairel* (ver Figura 1.20). Del mismo modo para evitar la conexión se construyeron el *Dique Mata La Monteada*, el *Dique El Camalote* y su esclusa entre la *Laguna de la Costa* y la *Laguna El Camalote*. También se construyó el dique conocido como *El Bull* entre la margen derecha del río Tamesí y la *Laguna El Camalote* (ver Figura 1.21).

La longitud total de bordos, barrotes, vertedores y esclusas que existen en ente último tramo de la CRGT (ver Tabla 1.14) que inician desde la bocatoma de la planta de la Comisión Municipal de Agua Potable y Alcantarillado (COMAPA) hasta la *Laguna El Camalote* es de 22,728.56 m.

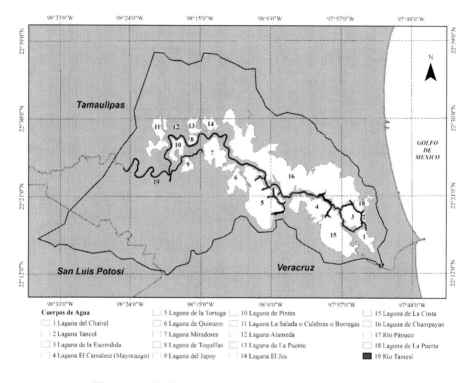

Figura 1.20 Sistema Lagunario y cuerpos de agua
en el último tramo río Tamesí de la CRGT.
Fuente: Elaboración propia, a partir de IMEPLAN (2008).

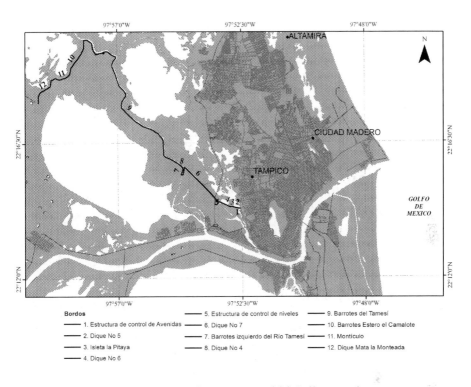

Bordos
1. Estructura de control de Avenidas
2. Dique No 5
3. Isleta la Pitaya
4. Dique No 6

5. Estructura de control de niveles
6. Dique No 7
7. Barrotes izquierdo del Río Tamesí
8. Dique No 4

9. Barrotes del Tamesí
10. Barrotes Estero el Camalote
11. Montículo
12. Dique Mata la Monteada

Figura 1.21 Infraestructura hidráulica en el
último tramo río Tamesí de la CRGT.
Fuente: Elaboración propia, a partir de IMEPLAN (2008).

61

BIBLIOGRAFÍA

Carranza, A. (2005). *Consideraciones Ambientales del litoral en el Golfo de México.* Coatzacoalcos: UNAM.

CONAGUA. (2014). *Estadísticas del Agua en México Edición 2014.* Recuperado el 06 de julio de 2016, de Subdirección General de Planeación. Comisión Nacional del Agua Secretaría de Medio Ambiente y Recursos Naturales: http://www.conagua.gob.mx/CONAGUA07/Publicaciones/Publicaciones/EAM2014.pdf

CONAGUA. (2016a). *Información Climatológica.* Recuperado el 06 de julio de 2016, de Comisión Nacional del Agua: http://smn.cna.gob.mx/es/climatologia/informacion-climatologica

CONAGUA. (2016b). *Comisión Nacional del Agua.* (CONAGUA, Ed.) Recuperado el 09 de feb de 2016, de Subdirección General Técnica (SGT). Gerencia de Aguas Superficiales de Ríos (GASIR): https://www.imta.gob.mx/bandas

CONANP. (2016). *Información Espacial. Descarga de archivos SHAPE.* Recuperado el 06 de julio de 2016, de Comisión Nacional de Áreas Naturales Protegidas (CONANP): http://sig.conanp.gob.mx/website/pagsig/info_shape.htm

DOF 03ene. (03 de enero de 2008). ACUERDO por el que se da a conocer el resultado de los estudios de disponibilidad media anual de las aguas subterráneas de 30 acuíferos de los Estados Unidos Mexicanos, mismos que forman parte de las regiones hidrológicas que se indican. *Primera Sección. Diario Oficial de la Federación. Poder Ejecutivo. Comisión Nacional del Agua (CONAGUA), Secretaría de Medio Ambiente y Recursos Naturales (SEMARNAT).*

México: Recuperado el 06 de julio de 2016, de Diario Oficial de la Federación http://www.dof.gob.mx/nota_detalle.php?codigo=5027 870&fecha=03/01/2008.

DOF 05dic. (05 de diciembre de 2001). ACUERDO por el que se establece y da a conocer al público en general la denominación única de los. *Primera Sección. Diario Oficial de la Federación. Poder Ejecutivo. Comisión Nacional del Agua (CONAGUA), Secretaría de Medio Ambiente y Recursos Naturales (SEMARNAT), Segunda Sección*, 1-89. México: Comisión Nacional del Agua CONAGUA, Secretaría de Medio Ambiente y Recursos Naturales.

DOF 18jul. (18 de jul de 2011). ACUERDO por el que se actualiza la disponibilidad media anual de las aguas superficiales en las cuencas hidrológicas Arroyo Zarco, Río Ñadó, Río Galindo, Río San Juan 1, Río Tecozautla, Río San Juan 2, Río Grande de Tulancingo, Río Metztitlán 1, Río Metzq. *Primera y Segunda Sección. Diario Oficial de la Federación. Poder Ejecutivo. Comisión Nacional del Agua (CONAGUA), Secretaría de Medio Ambiente y Recursos Naturales (SEMARNAT)*, 1-178. México: Recuperado el 06 de julio de 2016, de Diario Oficial de la Federación http://www.dof.gob.mx/ nota_detalle.php?codigo=5201212&fecha=18/07/2011.

DOF 18may. (18 de mayo de 1998). ACUERDO por el que se determina el número, lugar y circunscripción territorial de las gerencias regionales de la Comisión Nacional del Agua. *Primera Sección. Diario Oficial de la Federación. Poder Ejecutivo. Comisión Nacional del Agua CONAGUA, Secretaría de Medio Ambiente y Recursos Naturales (SEMARNAT)*. México: Recuperado el 06 de julio de 2016, de Diario Oficial de la Federación http://www.dof. gob.mx/nota_detalle.php?codigo=4878553&fecha=18/05/1998.

DOF 21ene. (21 de ene de 2008). ACUERDO por el que se da a conocer el resultado de los estudios de disponibilidad media anual de las aguas superficiales en las cuencas hidrológicas Arroyo Zarco, Río Ñadó, Río Galindo, Río San Juan 1, Río Tecozautla, Río San Juan 2, Río Grande de Tulanci. *Segunda y Tercera Sección. Diario Oficial de la Federación. Poder Ejecutivo. Comisión Nacional del Agua (CONAGUA), Secretaría de Medio Ambiente y Recursos Naturales (SEMARNAT), Recuperado el 06 de julio de 2016, de Diario Oficial de la Federación: http://www.dof.gob.mx/ nota_detalle.php?codigo=5028748&fecha=21/01/2008.*

DOF 27may. (27 de mayo de 2016). ACUERDO por el que se dan a conocer los límites de las 757 cuencas hidrológicas que comprenden las 37 regiones hidrológicas en que se encuentra dividido los Estados Unidos Mexicanos. *Segunda Sección. Diario Oficial de la Federación. Poder Ejecutivo. Comisión Nacional del Agua (CONAGUA), Secretaría de Medio Ambiente y Recursos Naturales (SEMARNAT).* México: Recuperado el 06 de julio de 2016, de Diario Oficial de la Federación http://www.dof.gob.mx/ nota_detalle.php?codigo=5439123&fecha=27/05/2016.

García, E. (2004). *Modificaciones al Sistema de Clasificación Climática de Köppen* (5ta ed., Vols. ISBN 979-32-1010-4). México: Instituto de Geografía. Universidad Nacional Autonóma de Mexico UNAM.

ICOLD. (26 de julio de 2014). *Dams and the World Water*. Obtenido de International Comission on Large Dams: http://www.icold-cigb. net/GB/publications/other_asp

IMEPLAN. (2008). *Manifestación de Impacto Ambiental Modalidad Regional del Proyecto Rehabilitación y Mejoramiento del Sistema de Diques, Vertedores y Esclusas del Sistema Lagunario Tamesí.* Técnico, Instituto Metropolitano de Planeación del Sur de Tamaulipas, Tampico, Tamaulipas.

INEGI. (2001). *Diccionario de Datos Fisiográficos.* Aguascalientes. Ags.: Instituto Nacional de Estadística Geografía e Informática.

INEGI. (2005). *Guía para la interpretación de Cartografía: Geológica.* México, México: Instituto Nacional de Estadística Geografía e Informática.

INEGI. (2010). *Instituto Nacional de Estadística y Geografía.* Recuperado el 20 de Enero de 2016, de INEGI Censo de Población y Vivienda 2010. Principales Resultados por localidad (ITER): http://www.inegi.org.mx/sistemas/consulta_resultados/iter2010.aspx

INEGI. (2011). *Guia para la interpretación de Cartografía: Edafología.* México: Instituto Nacional de Estadística y Geografía.

INEGI. (2013). *Datos de Relieve. Continuo de Elevaciones Mexicano 3.0 (CEM 3.0).* Recuperado el 06 de julio de 2016, de Instituto Nacional de Estadística y Geografía: http://www.inegi.org.mx/geo/ contenidos/datosrelieve/continental/descarga.aspx

INEGI. (2014). *Guía para la interpretación de cartografía: uso del suelo y vegetación: escala 1:250, 000: serie V.* (I. N. Geografía, Ed.) México: Instituto Nacional de Estadística y Geografía.

INEGI. (2016c). *Recursos Naturales, Climatología.* Recuperado el 06 de julio de 2016, de Instituto Nacional de Estadística y Geografía: http:// www.inegi.org.mx/geo/contenidos/recnat/clima/infoescala.aspx

Marsal, J., & Reséndiz, D. (1975). *Presas de Tierra y Enrocamiento*. México: Limusa.

NHC-NOAA. (2015). *NHC Data Archive*. Recuperado el 12 de diciembre de 2015, de National Hurricane Center - National Oceanic and Atmospheric Administration: http://www.nhc.noaa.gov/data/

OCGN. (15 de octubre de 2016). Registro de Distritos de Riego. *Organismo de Cuenca Golfo Norte IX de la Comisión Nacional del Agua (CONAGUA)*. Victoria, Tamaulipas, México: CONAGUA.

Richards, R. P. (1990). Measures of flow variability and new flow-based classification of Great Lakes tributaries,. *Journal of Great Lakes Research*, 53-70.

SISP. (2016). *Inventario de Presas*. Recuperado el 06 de julio de 2016, de Sistema de Seguridad de Presas (SISP), Comisión Nacional del Agua (CONAGUA): http://201.116.60.136/inventario/hinicio.aspx

Capítulo 2

La Situación Socioeconómica en la Cuenca

Rangel-Blanco, Lidia[1]; Mendoza-Rivas, Luis[2]; Esqueda-Walle, Ramiro[3] y Flores-Hernández, Agustina[4]

[1] Profesora Tiempo Completo de la Facultad de Derecho y Ciencias Sociales de la Universidad Autónoma de Tamaulipas y Miembro del Cuerpo Académico UAT-CA-136.
E-mail: lrangel@docentes.uat.edu.mx
[2] Profesor Investigador de la Unidad Académica de Trabajo Social y Ciencias para el Desarrollo Humano de la Universidad Autónoma de Tamaulipas y Colaborador del Cuerpo Académico UAT-CA-136.
E-mail: lmendoza@docentes.uat.edu.mx
[3] Profesor de Tiempo Completo de la Unidad Académica Multidisciplinaria Río Bravo de la Universidad Autónoma de Tamaulipas y Miembro del Cuerpo Académico UAT-CA-136.
E-mail: resquedaw@docentes.uat.edu.mx
[4] Profesora de Horario Libre de la Facultad de Comercio y Administración de Tampico de la Universidad Autónoma de Tamaulipas.
E-mail: mahernandez@docentes.uat.edu.mx

RESUMEN

Como entidad de análisis espacial, la Cuenca del Río Guayalejo Tamesí (CRGT), permite posicionar al agua como el elemento integrador del territorio, donde se hace necesario la identificación de los patrones de poblamiento, las actividades económicas de las comunidades que se sirven de sus recursos, que afectan o modifican de alguna manera la condición de existencia y conservación, y a las cuales se le atribuyen los cambios en su calidad y cantidad.

En este contexto, el capítulo tiene como propósito caracterizar y describir la Cuenca del Río Guayalejo Tamesí por sector de actividad económica preponderante determinado en cada tramo, siendo doce los referenciados geográficamente en el área de estudio. Partiendo del análisis de los resultados establecidos por el Instituto Nacional de Estadística y Geografía (2015), en sus indicadores económicos de coyuntura relacionados con la participación de la población ocupada por sector de actividad y las unidades económicas registradas en cada tramo de la cuenca. Teniendo en consideración que el desarrollo de las actividades en relación al crecimiento poblacional deteriora los sistemas naturales.

Palabras clave: *indicadores económicos, actividades sectoriales, recurso hídrico.*

2.1 INTRODUCCIÓN

La cuenca hidrográfica debe entenderse como un sistema dinámico, abierto y complejo, en el que sus elementos naturales biofísicos se enlazan con las características de los sistemas económicos, los patrones demográficos y las dinámicas socioculturales de la población que las habita. La articulación de los componentes biofísicos con las dinámicas socioeconómicas da como resultado formas de organización social y de estructuración del espacio determinadas por el acceso a los recursos naturales.

Una cuenca puede ser el punto de partida para el estudio integral del territorio, los datos con los que se pueda contar permiten identificar la relevancia de los servicios ecológicos que brinda a los habitantes que se sirven de ella y de considerarse necesario, promover cambios en la utilización y manejo del territorio y sus recursos asociados, con el objeto de prevenir, detener y revertir procesos problemáticos como la degradación del suelo, de la biodiversidad y la disponibilidad del agua de una manera integrada.

Utilizar a la cuenca como objeto de estudio establece la posibilidad de orientar el manejo de los recursos naturales dentro de un contexto geográfico óptimo, además proporciona un marco de datos referenciados a través de fuentes oficiales que permiten integrar los aspectos biofísicos relevantes con los aspectos socio-económicos, derivando de esta forma en un conjunto de elementos y soportes para orientar las estrategias de gestión de la cuenca hacia objetivos de sustentabilidad. El trabajo describe el desarrollo de una visión integral desde su localización, caracterización hidrológica natural y productiva que afecta directamente el ecosistema por el impacto de indicadores económicos, sociales y ambientales, que hacen a la cuenca vulnerable en cantidad y calidad del agua para la población.

2.2 ASPECTOS DEMOGRÁFICOS

La Cuenca del Río Guayalejo Tamesí (CRGT), incluye a un total de 23 municipios de cuatro Entidades Federativas de la República Mexicana: Tamaulipas (Altamira, Antiguo Morelos, Bustamante, Casas, El Mante, Gómez Farías, González, Güémez, Jaumave, Llera, Miquihuana, Nuevo Morelos, Ocampo, Palmillas, Tampico, Tula, Victoria y Xicoténcatl); San Luis Potosí (Ébano, Tamuín y Ciudad Valles); Veracruz (Pánuco) y Nuevo León (General Zaragoza).

De acuerdo con el Censo de Población y Vivienda 2010, la población fue de 451,679 habitantes cifra que representa el 13.82% del total de habitantes del Estado de Tamaulipas.

En base al Censo General de Población y Vivienda 2010, se define la población por subcuenca hidrológica de la Cuenca del Río Guayalejo Tamesí, así como los núcleos de población que se localizan en cada subcuenca (Ver Tabla 2.1). La Figura 2.1 muestra la localización de las localidades urbanas en la CRGT.

Tabla 2.1 Población al año 2010 por subcuenca hidrológica en la CRGT.

No.	Subcuencas	Superficie (km²)	Habitantes	Localidades
1	Río Jaumave-Chihue	3,362.50	17,814	126
2	Río Guayalejo 1	355.90	35	10
3	Río Guayalejo 2	1,145.40	12,255	106
4	Río Sabinas	612.30	4,256	122
5	Río Comandante 1	2,518.30	21,904	253
6	Río Comandante 2	247.40	6,531	69
7	Río Mante	69.30	1,834	58
8	Río Guayalejo 3	2,410.60	124,210	418
9	Arroyo El Cojo	400.80	3,014	62
10	Río Tantoán	616.40	8,945	48
11	Río Guayalejo 4	3,088.90	38,508	218
12	Río Tamesí	1,982.80	212,373	340
	Total:	16,810.60	451,679	1,830

Fuente: Elaboración propia a partir de los datos del Censo General de Población y Vivienda (INEGI, 2010).

La subcuenca hidrológica que corresponde al río Jaumave-Chihue; está constituida por 17,814 habitantes, distribuidos en 126 núcleos de población, siendo los más representativos por su cantidad de población: Jaumave, Palmillas, Matías García, Francisco Medrano, San Juanito y José María Morelos.

En la subcuenca hidrológica que corresponde al río Guayalejo 1; la población corresponde a 35 habitantes, distribuidos en 10 núcleos, siendo los más representativos por su número de habitantes: El Platanal, General Lucio Blanco, El Porvenir, San Fernando y Tinaja.

En la subcuenca hidrológica que corresponde al río Guayalejo 2; la población es de 12,255 habitantes, distribuidos en 106 núcleos de población, siendo los más representativos por su cantidad de población: Llera de Canales, Ignacio Zaragoza, Emiliano Zapata, Las Compuertas y General Pedro José Méndez.

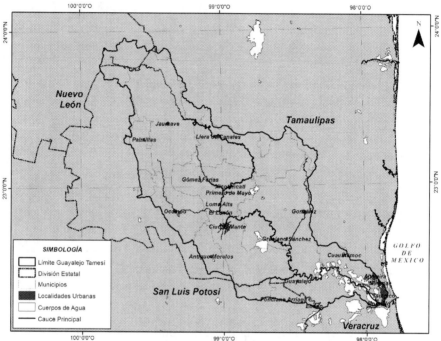

Figura 2.1 Localidades urbanas en la CRGT.
Fuente: Elaboración propia a partir del DOF (18jul2011 y 27may2016).

En la subcuenca que corresponde al río Sabinas; la población está constituida por 4,256 habitantes, distribuidos en 122 núcleos, siendo los más representativos por su cantidad de población: El Nuevo Encino, El Ojo de Agua, Benito Juárez, El Azteca, Sabinas y Saucillo.

En la subcuenca que corresponde al río Comandante 1; está integrada por 21,904 habitantes, distribuidos en 253 núcleos de población, siendo los más representativos por su cantidad de población: Ocampo, Antiguo Morelos, Fortines y Emiliano Zapata, Adolfo López Mateos y Gómez Farías.

En la subcuenca que corresponde al río Comandante 2; la población está integrada por 6,531 habitantes, distribuidos en 69 núcleos, siendo los más representativos por su cantidad de población: Loma Alta, Seiscientos Uno, Guadalupe Victoria, San Pedrito y Cinco de Mayo.

En la subcuenca que corresponde al río Mante; la población corresponde a 1,834 habitantes, distribuidos en 58 núcleos, siendo los más representativos por su cantidad de población; Quintero y La Guadalupana.

En la subcuenca que corresponde al río Guayalejo 3; la población es de 124,210 habitantes, distribuidos en 418 núcleos, siendo los más representativos por su cantidad de población: Ciudad Mante, Xicoténcatl, El Limón, Primero de Mayo y El Abra.

En la subcuenca hidrológica que corresponde al arroyo El Cojo; la población es de 3,014 habitantes, distribuidos en 62 núcleos de población, siendo los más representativos por su cantidad de población: Santa Fe, González, Nueva Esperanza, El Progreso y San Antonio Nogalar.

En la subcuenca hidrológica que corresponde al río Tantóan; la población corresponde a 8,945 habitantes, distribuidos en 48 núcleos, siendo los más representativos por su cantidad de población; Guayalejo, Santa Martha, Aurelio Manrique, Aurelio Aquismón y Lázaro Cárdenas Dos.

En la subcuenca que corresponde al río Guayalejo 4; la población es de 38,508 habitantes, distribuidos en 218 núcleos de población, siendo los más representativos por su cantidad de población: González, Graciano Sánchez, Nueva Apolonia, Los Aztecas y Nuevo Tantóan.

Finalmente en la subcuenca que corresponde al río Tamesí; la población es de 212,373 habitantes, distribuidos en 340 núcleos, siendo los más representativos por su cantidad de población: Tampico, Miramar, Altamira, Cuauhtémoc y Carrillo Puerto.

El proceso de concentración de la población implica una demanda constante de servicios de las localidades, teniendo cada vez más presión sobre el medio ambiente.

2.3 ASPECTOS ECONÓMICOS

El desarrollo de las actividades en relación al crecimiento poblacional deteriora el sistema natural, por ejemplo, las funciones hidrológicas: las prácticas agrícolas sostenibles en las regiones cercanas a las nacientes, como la conservación de suelos y la protección conexa de las zonas ubicadas corriente abajo contra las inundaciones y la sedimentación, todo ello contribuye al valor económico que las personas obtienen de las cuencas que habitan. Sin embargo, como estas funciones del ecosistema no son cuantificadas ni objeto de comercio, habitualmente quedan al margen de los precios de mercado (Richards M, 1997).

El crecimiento demográfico medio anual en la cuenca, de acuerdo al periodo 2005-2010, se estimó en 1.3%. Su densidad poblacional al año 2010, fue de 58.8 hab/km^2, ligeramente por encima del valor medio del país, 57 hab/km^2. Pensando en este crecimiento demográfico aunado a las actividades económicas que se desarrollan, que implican a su vez, la utilización del agua como un recurso natural indispensable que satisfaga las demandas que requiere la población para su crecimiento y desarrollo económico, social y ambiental.

Para realizar el análisis de caracterización y descripción de la CRGT por sector de actividad económica, se consideran doce subcuencas, los cuales son oficiales al ser publicados en el Diario Oficial de la Federación 27may2016 en el último estudio de disponibilidad de agua.

1. **Subcuenca hidrológica río Jaumave-Chihue: Desde su nacimiento hasta su confluencia con el río Guayalejo. En su trayecto esta subcuenca abarca 8 municipios de Tamaulipas: Bustamante, General Zaragoza, Güémez, Jaumave, Miquihuana y Palmillas.**

La subcuenca hidrológica río Jaumave-Chihue está constituida por una superficie de 3,362.5 km^2 la población usuaria asciende a 17,813 habitantes. De esta población quienes se encuentran ocupados son 5,247 que representan el 29.4%. Se entiende por población ocupada a la cantidad de personas que se han integrado al mercado de trabajo, es decir, que tienen un empleo o que lo están buscando activamente.

Las personas que se encuentran laborando en actividades consideradas de sector primario son 1,557 que corresponden al 29.7% de la población ocupada; entendiendo por actividades primarias las que están relacionadas con los recursos naturales, tales como la agricultura, silvicultura, minería, explotación forestal, caza y pesca.

Las personas que se encuentran laborando en actividades consideradas de sector secundario son 1,295 que corresponde al 24.7% de la población ocupada; entendiendo por actividades secundarias las que están relacionadas con la transformación de los productos del sector primario en bienes y servicios mediante la industrialización.

Las personas que se encuentran laborando en actividades consideradas de sector terciario son 2,287 que corresponden al 43.6% de la población ocupada; entendiéndose por actividades de sector terciario las que se encargan de la distribución y comercialización de los bienes producidos, así como de la prestación de servicios (ver Gráfico 2.1).

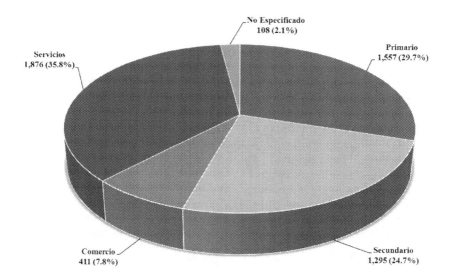

Gráfico 2.1 Población ocupada por sector económico en
la subcuenca hidrológica río Jaumave-Chihue.
Fuente: Elaboración propia con datos de Tabulados de la Encuesta Intercensal (INEGI, 2015).

Lo que se desprende del análisis de los datos económicos de la subcuenca río Jaumave-Chihue es la relevancia de la actividad del sector terciario, en este caso son actividades de servicio, donde se ocupan 1,876 personas, distribuidas en actividades de gobierno local, educación, salud y transporte principalmente, mientras 411 personas lo hacen en el comercio. Por otra parte, la tendencia de la distribución de las actividades económicas propias de la subcuenca, está respaldada por el indicador unidades económicas por sector presentadas por el Directorio Estadístico Nacional de Unidades Económicas (DENUE) establecido por el INEGI (2015); donde establece que en el sector terciario se ubican 729 unidades económicas, 98 en el secundario y 4 en el primario. Teniendo en consideración la sumatoria de los municipios que corresponden a esta subcuenca río Jaumave-Chihue y en el entendido que una unidad económica es el lugar donde se hace confluir a los factores de la producción, el trabajo de las personas, los recursos primarios y el capital, que son necesarios para la producción de bienes y servicios.

2. **Subcuenca hidrológica río Guayalejo 1: Desde la Confluencia de los ríos Jaumave-Chihue hasta la Estación Hidrométrica "La Encantada". En su trayecto esta subcuenca abarca 2 municipios de Tamaulipas: Llera y Victoria.**

La subcuenca hidrológica río Guayalejo 1 está constituida por una superficie de 355.9 km^2 la población usuaria asciende a 35 habitantes. De esta población quienes se encuentran ocupados son 10 que representan el 30.4%. Las personas que se encuentran laborando en actividades consideradas de sector primario son 5, que corresponden al 50% de la población ocupada; las personas que se encuentran laborando en actividades consideradas de sector secundario es 1, que corresponden al 10% de la población ocupada; las personas que se encuentran laborando en actividades consideradas de sector terciario son 4 que corresponden al 39.8% de la población ocupada; y por último la población no especificada representada por el 0.21% (ver Gráfico 2.2).

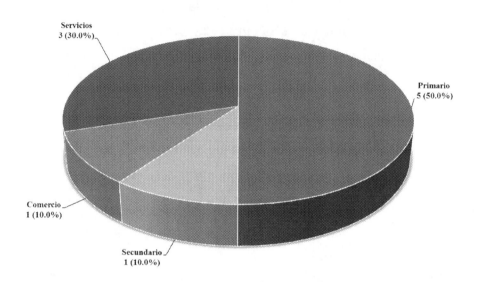

Gráfico 2.2 Población ocupada por sector económico
en la subcuenca hidrológica río Guayalejo 1.
Fuente: Elaboración propia con datos de Tabulados de la Encuesta Intercensal (INEGI, 2015).

Lo que se desprende del análisis de los datos económicos de la subcuenca del río Guayalejo 1 es la relevancia de la actividad del sector primario, en este caso son actividades de agricultura, cría, explotación de animales, aprovechamiento forestal, pesca y caza principalmente, mientras que el resto de la población se emplea en la generación, transmisión y distribución de energía eléctrica, suministro de agua y gas por ductos al consumidor final y el comercio.

3. Subcuenca hidrológica río Guayalejo 2: Desde la Estación Hidrométrica "La Encantada" hasta la Estación Hidrométrica "San Gabriel". En su trayecto esta subcuenca abarca 3 municipios de Tamaulipas: Casas, Llera y Xicoténcatl.

La subcuenca hidrológica río Guayalejo 2 está constituida por una superficie de 1,145.4 km² la población usuaria asciende a 12,159 habitantes. De esta población quienes se encuentran ocupados son 3,413 que representan el 28%. Las personas que se encuentran laborando en actividades consideradas de sector primario son 1,992 que corresponden al 58% de la población ocupada; las personas que se encuentran laborando en actividades consideradas de sector secundario son 280 que corresponden al 8% de la población ocupada; las personas que se encuentran laborando en actividades consideradas de sector terciario son 1,069 que corresponden al 32% de la población ocupada; y por último la población no especificada representada por el 2.1% (ver Gráfico 2.3).

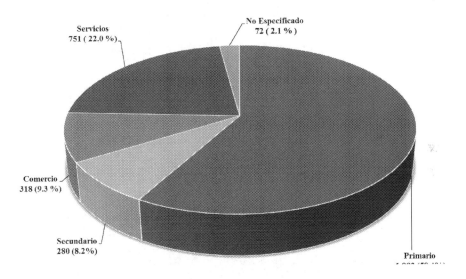

Gráfico 2.3 Población ocupada por sector económico
en la subcuenca hidrológica río Guayalejo 2.
Fuente: Elaboración propia con datos de Tabulados de la Encuesta Intercensal (INEGI, 2015).

Lo que se desprende del análisis de los datos económicos de la subcuenca hidrológica del río Guayalejo 2 es la relevancia de la actividad del sector primario, en este caso son actividades de agricultura, cría, explotación de animales, aprovechamiento forestal, pesca y caza principalmente, mientras que el resto de la población lo hacen en la generación, transmisión y distribución de energía eléctrica, suministro de agua y gas por ductos al consumidor final y el comercio.

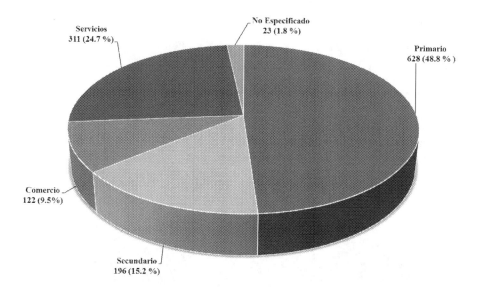

Gráfico 2.4 Población ocupada por sector económico
en la subcuenca hidrológica río Sabinas.
Fuente: Elaboración propia con datos de Tabulados de la Encuesta Intercensal (INEGI, 2015).

4. Subcuenca hidrológica río Sabinas: Desde su nacimiento hasta la estación hidrométrica Sabinas. En su trayecto esta subcuenca abarca 4 municipios de Tamaulipas: Gómez Farías, Llera y Xicoténcatl.

La subcuenca hidrológica río Sabinas está constituida por una superficie de 612.3 km^2 la población usuaria asciende a 4,256 habitantes. De esta población quienes se encuentran ocupados son 1,287 que representan el 30.3%. Las personas que se encuentran laborando en actividades consideradas de sector primario son 628 que corresponden al 48.8% de la población ocupada; las personas que se encuentran laborando en actividades consideradas de sector secundario son 196 que corresponden al 15.2% de la población ocupada; las personas que se encuentran laborando en actividades consideradas de sector terciario son 439 que corresponden al 34.2% de la población ocupada; y por último la población no especificada representada por el 1.8% (ver Gráfico 2.4).

Lo que se desprende del análisis de los datos económicos de la subcuenca del río Sabinas es la relevancia de la actividad del sector primario, en este caso son actividades de agricultura, cría, explotación de animales, aprovechamiento forestal, pesca y caza principalmente, mientras que el resto de la población lo hacen en la generación, transmisión y distribución de energía eléctrica, suministro de agua y gas por ductos al consumidor final y el comercio.

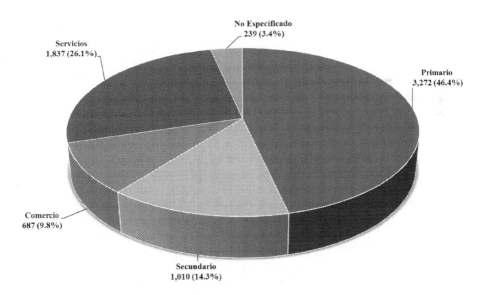

Gráfico 2.5 Población ocupada por sector económico
en la subcuenca hidrológica río Comandante 1.
Fuente: Elaboración propia con datos de Tabulados de la Encuesta Intercensal (INEGI, 2015).

5. Subcuenca hidrológica río Comandante 1: Desde su nacimiento hasta la Estación Hidrométrica "La Servilleta".

En su trayecto esta subcuenca abarca 6 municipios de Tamaulipas: Antiguo Morelos, Gómez Farías, Jaumave, Ocampo, Palmillas y Tula. Antiguo Morelos, Gómez Farías, Jaumave, Ocampo, Palmillas y Tula.

La subcuenca hidrológica Comandante 1 está constituida por una superficie de 2,518.3 km^2 la población usuaria asciende a 21,904 habitantes. De esta población quienes se encuentran ocupados son 7,045 que representan el 32%. Las personas que se encuentran laborando en actividades consideradas de sector primario son 3,272 que corresponden al 46% de la población ocupada; las personas que se encuentran laborando en actividades consideradas de sector secundario son 1,010 que corresponden al 15% de la población ocupada; las personas que se encuentran laborando en actividades consideradas de sector terciario son 2,524 que corresponden al 35.6% de la población ocupada; y por último la población no especificada representada por el 3.4% (ver Gráfico 2.5).

Lo que se desprende del análisis de los datos económicos de la subcuenca hidrológica del río Comandante 1 es la relevancia de la actividad del sector primario, en este caso son actividades de agricultura, cría, explotación de animales, aprovechamiento forestal, pesca y caza principalmente, mientras que el resto de la población lo hacen en la generación, transmisión y distribución de energía eléctrica, suministro de agua y gas por ductos al consumidor final y el comercio.

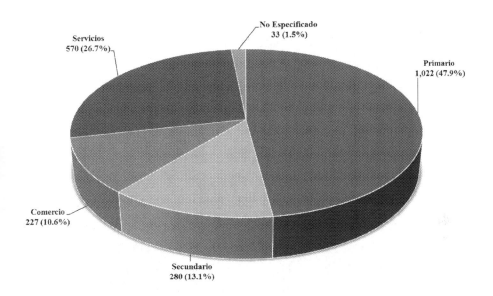

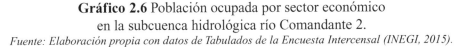

Gráfico 2.6 Población ocupada por sector económico
en la subcuenca hidrológica río Comandante 2.
Fuente: Elaboración propia con datos de Tabulados de la Encuesta Intercensal (INEGI, 2015).

6. Subcuenca hidrológica río Comandante 2: Desde la estación hidrométrica "La Servilleta" hasta la Estación Hidrométrica "Río Frío". En su trayecto esta subcuenca abarca 2 municipios de Tamaulipas: Mante y Gómez Farías.

La subcuenca hidrológica río Comandante 2 está constituida por una superficie de 247.4 km² la población usuaria asciende a 6,531 habitantes. De esta población quienes se encuentran ocupados son 2,132 que representan el 32.6%. Las personas que se encuentran laborando en actividades consideradas de sector primario son 1,022 que corresponden al 47.9% de la población ocupada; las personas que se encuentran laborando en actividades consideradas de sector secundario son 280 que corresponden al 13.1% de la población ocupada; las personas que se encuentran laborando en actividades consideradas de sector terciario son 797 que corresponden al 37.4% de la población ocupada; y por último la población no especificada representada por el 1.5% (ver Gráfico 2.6).

Lo que se desprende del análisis de los datos económicos de la subcuenca hidrológica Comandante 2 es la relevancia de la actividad del sector primario, en este caso son actividades de agricultura, cría, explotación de animales, aprovechamiento forestal, pesca y caza principalmente, mientras que el resto de la población lo hacen en la generación, transmisión y distribución de energía eléctrica, suministro de agua y gas por ductos al consumidor final y el comercio.

7. **Subcuenca hidrológica río Mante: Desde su nacimiento hasta la Estación Hidrométrica. En su trayecto esta subcuenca hidrológica abarca un municipio de Tamaulipas: Mante.**

La subcuenca hidrológica río Mante está constituida por una superficie de 69.3 km^2 la población usuaria asciende a 1,834 habitantes. De esta población quienes se encuentran ocupados son 639 que representan el 34.9%. Las personas que se encuentran laborando en actividades consideradas de sector primario son 82 que corresponden al 12.8% de la población ocupada; las personas que se encuentran laborando en actividades consideradas de sector secundario son 104 que corresponden al 16.3% de la población ocupada; las personas que se encuentran laborando en actividades consideradas de sector terciario son 447 que corresponden al 70% de la población ocupada; y por último la población no especificada representada por el .99% (ver Gráfico 2.7).

Lo que se desprende del análisis de los datos económicos de la subcuenca hidrológica río Mante es la relevancia de la actividad del sector terciario, en este caso son actividades de servicio, donde se ocupan

303 personas, distribuidas en actividades de gobierno local, educación, salud y transporte principalmente, mientras 144 personas lo hacen en el comercio. Por otra parte, la tendencia de la distribución de las actividades económicas propias de la subcuenca, está respaldada por el indicador unidades económicas por sector presentadas por el Directorio Estadístico Nacional de Unidades Económicas (DENUE) establecido por el INEGI (2015); donde en el sector terciario se ubican 4,711 unidades económicas, 464 en el secundario y 22 en el primario.

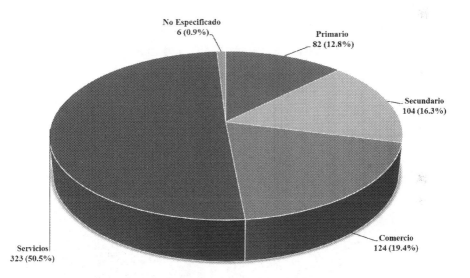

Gráfico 2.7 Población ocupada por sector económico
en la subcuenca hidrológica río Mante.
Fuente: Elaboración propia con datos de Tabulados de la Encuesta Intercensal (INEGI, 2015).

8. Subcuenca hidrológica río Guayalejo 3: Desde las Estaciones Hidrométricas "San Gabriel", "Sabinas", "Río Frío" y "Mante" hasta la Estación Hidrométrica Magiscatzin. En su trayecto esta subcuenca hidrológica abarca 5 municipios de Tamaulipas: Mante, Gómez Farías, González, Llera y Xicoténcatl.

La subcuenca hidrológica río Guayalejo 3 está constituida por una superficie de 2,410.4 km^2 la población usuaria asciende a 124,210 habitantes. De esta población quienes se encuentran ocupados son 42,543 que representan el 34.3%. Las personas que se encuentran laborando en actividades consideradas de sector primario son 7,199 que corresponden al 16.9% de la población ocupada; las personas que se encuentran laborando en actividades consideradas de sector secundario son 7,694 que corresponden al 18.1% de la población ocupada; las personas que se encuentran laborando en actividades consideradas de sector terciario son 27,131 que corresponden al 63.8% de la población ocupada; y por último la población no especificada representada por el 1.2% (ver Gráfico 2.8).

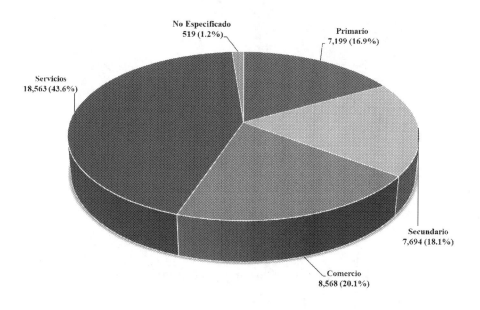

Gráfico 2.8 Población ocupada por sector económico
en la subcuenca hidrológica río Guayalejo 3.
Fuente: Elaboración propia con datos de Tabulados de la Encuesta Intercensal (INEGI, 2015).

Lo que se desprende del análisis de los datos económicos de la subcuenca del río Guayalejo 3 es la relevancia de la actividad del sector terciario, en este caso son actividades de servicio, donde se ocupan 18,563 personas, distribuidas en actividades de gobierno local, educación, salud y transporte principalmente, mientras 8,568 personas lo hacen en el comercio (ver Gráfica 2.8). Por otra parte, la tendencia de la distribución de las actividades económicas propias de la subcuenca, está respaldada por el indicador unidades económicas por sector presentadas por el Directorio Estadístico Nacional de Unidades Económicas (DENUE) establecido por el INEGI (2015); donde en el sector terciario se ubican 7,315 unidades económicas, 724 en el secundario y 69 en el primario.

9. **Subcuenca hidrológica arroyo El Cojo: Desde su nacimiento hasta la confluencia con el río Guayalejo. En su trayecto esta subcuenca hidrológica abarca abarca 2 municipios de Tamaulipas: Casas y González.**

La subcuenca hidrológica arroyo El Cojo está constituida por una superficie de 400.8 km^2 la población usuaria asciende a 2,862 habitantes. De esta población quienes se encuentran ocupados son 905 que representan el 31.6%.

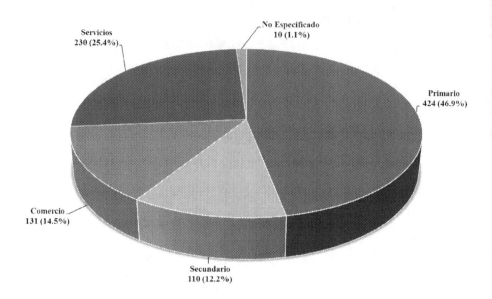

Gráfico 2.9 Población ocupada por sector económico
en la subcuenca hidrológica arroyo El Cojo.
Fuente: Elaboración propia con datos de Tabulados de la Encuesta Intercensal (INEGI, 2015).

Las personas que se encuentran laborando en actividades consideradas de sector primario son 424 que corresponden al 46.9% de la población ocupada; las personas que se encuentran laborando en actividades consideradas de sector secundario son 110 que corresponden al 12.2% de la población ocupada; las personas que se encuentran laborando en actividades consideradas de sector terciario son 361 que corresponden al 39.9% de la población ocupada; y por último la población no especificada representada por el 1.1% (ver Gráfico 2.9).

Lo que se desprende del análisis de los datos económicos de la subcuenca hidrológica arroyo El Cojo es la relevancia de la actividad del sector primario, en este caso son actividades de agricultura, cría, explotación de animales, aprovechamiento forestal, pesca y caza principalmente, mientras que el resto de la población se emplea en la generación, transmisión y distribución de energía eléctrica, suministro de agua y gas por ductos al consumidor final y el comercio.

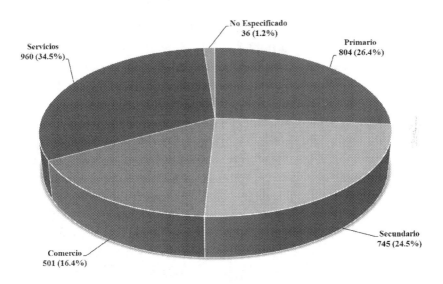

Gráfico 2.10 Población ocupada por sector económico
en la subcuenca hidrológica río Tantóan.
Fuente: Elaboración propia con datos de Tabulados de la Encuesta Intercensal (INEGI, 2015).

10. Subcuenca hidrológica río Tantóan: Desde su nacimiento hasta la confluencia con el río Guayalejo. En su trayecto esta subcuenca hidrológica abarca 4 municipios de 3 entidades Federativas. Mante (Tamaulipas), Pánuco (Veracruz), Tamuín y Ébano (San Luis Potosí).

La subcuenca hidrológica río Tantóan está constituida por una superficie de 616.4 km² la población usuaria asciende a 8,945 habitantes. De esta población quienes se encuentran ocupados son 3,046 que representan el 34%. Las personas que se encuentran laborando en actividades consideradas de sector primario son 804 que corresponden al 26.4% de la población ocupada; las personas que se encuentran laborando en actividades consideradas de sector secundario son 745 que corresponden al 24.5% de la población ocupada; las personas que se encuentran laborando en actividades consideradas de sector terciario son 1,461 que corresponden al 48% de la población ocupada; y por último la población no especificada representando por el 1.20% (ver Gráfica 2.10).

Lo que se desprende del análisis de los datos económicos de la subcuenca del río Tantóan es la relevancia de la actividad del sector terciario, en este caso son actividades de servicio, donde se ocupan 960 personas, distribuidas en actividades de gobierno local, educación, salud y transporte principalmente, mientras 501 personas lo hacen en el comercio. Por otra parte, la tendencia de la distribución de las actividades económicas propias de la subcuenca, está respaldada por el indicador unidades económicas por sector presentadas por el Directorio Estadístico Nacional de Unidades Económicas (DENUE) establecido por el INEGI (2015); donde en el sector terciario se ubican 8,627 unidades económicas, 913 en el secundario y 151 en el primario.

11. **Subcuenca hidrológica río Guayalejo 4: Desde la Estación Hidrométrica "Magiscatzin" y las confluencias del arroyo El Cojo y el río Tantoán hasta la Estación Hidrométrica Tamesí. En su trayecto esta subcuenca hidrológica abarca 6 municipios de 3 entidades Federativas. González, Mante, Llera (Tamaulipas), Pánuco (Veracruz), Tamuín y Ébano (San Luis Potosí).**

La subcuenca hidrológica río Guayalejo 4 está constituida por una superficie de 3,088.9 km^2 la población usuaria asciende a 38,507 habitantes. De esta población quienes se encuentran ocupados son

12,752 que representan el 33.2%. Las personas que se encuentran laborando en actividades consideradas de sector primario son 4,185 que corresponden al 32.8% de la población ocupada; las personas que se encuentran laborando en actividades consideradas de sector secundario son 1,752 que corresponden al 13.7% de la población ocupada; las personas que se encuentran laborando en actividades consideradas de sector terciario son 6,677 que corresponden al 52.4% de la población ocupada; y por último la población no especificada representada por el 1.1% (ver Gráfica 2.11).

Lo que se desprende del análisis de los datos económicos de la subcuenca hidrológica del río Guayalejo 4 es la relevancia de la actividad del sector terciario, en este caso son actividades de servicio, donde se ocupan 4,394 personas distribuidas en actividades de gobierno local, educación, salud y transporte principalmente, mientras 2,284 personas lo hacen en el comercio. Por otra parte, la tendencia de la distribución de las actividades económicas propias de la subcuenca, está respaldada por el indicador unidades económicas por sector presentadas por el Directorio Estadístico Nacional de Unidades Económicas (DENUE) establecido por el INEGI (2015); donde en el sector terciario se ubican 6,531 unidades económicas, 624 en el secundario y 67 en el primario.

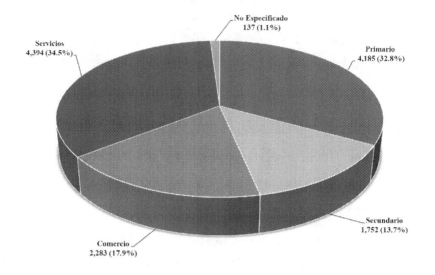

Gráfico 2.11 Población ocupada por sector económico
en la subcuenca hidrológica río Guayalejo 4.
Fuente: Elaboración propia con datos de Tabulados de la Encuesta Intercensal (INEGI, 2015).

12. **Subcuenca hidrológica río Tamesí: Desde la Estación Hidrométrica "Tamesí" hasta la confluencia con el río Pánuco. En su trayecto esta subcuenca abarca 5 municipios de 3 entidades Federativas. Altamira, González y Tampico (Tamaulipas), Pánuco (Veracruz) y Ébano (San Luis Potosí).**

La subcuenca hidrológica río Tamesí está constituida por una superficie de 1,982.8 km² la población usuaria asciende a 509,603 habitantes. De esta población quienes se encuentran ocupados son 218,127 que representan el 42.8%. Las personas que se encuentran laborando en actividades consideradas de sector primario son 7,139 que corresponden al 3.3% de la población ocupada; las personas que se encuentran laborando en actividades consideradas de sector secundario son 54,962 que corresponden al 25.2% de la población ocupada; las personas que se encuentran laborando en actividades consideradas de sector terciario son 152,931 que corresponden al 70.1% de la población ocupada; y por último la población no especificada representado por el 1.4% (ver Gráfica 2.12).

Lo que se desprende del análisis de los datos económicos de la subcuenca del río Tamesí es la relevancia de la actividad del sector terciario, en este caso son actividades de servicio, donde se ocupan 108,939 personas, distribuidas en actividades de gobierno local, educación, salud y transporte principalmente, mientras 43,992 personas lo hacen en el comercio. Por otra parte, la tendencia de la distribución de las actividades económicas propias de la subcuenca, está respaldada por el indicador unidades económicas por sector presentadas por el Directorio Estadístico Nacional de Unidades Económicas (DENUE) establecido por el INEGI (2015); donde en el sector terciario se ubican 25,647 unidades económicas, 2,348 en el secundario y 601 en el primario.

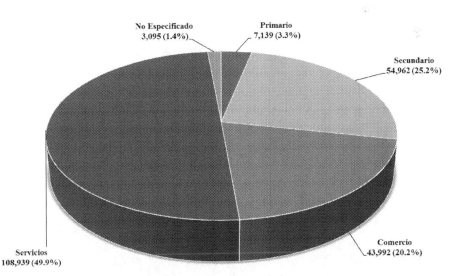

Gráfico 2.12 Población ocupada por sector económico
en la subcuenca hidrológica río Tamesí.
Fuente: Elaboración propia con datos de Tabulados de la Encuesta Intercensal (INEGI, 2015).

93

Considerando el análisis de las subcuencas hidrológicas del río Guayalejo Tamesí, cabe destacar que es una de las subcuencas que representa una gran importancia por su actividad económica es la que corresponde a la subcuenca río Tamesí, que comprende desde la Estación Hidrométrica "Magiscatzin" hasta la Estación Hidrométrica "Tamesí" y la confluencia con el río Pánuco, sistema conocido como la Cuenca Baja del Río Guayalejo Tamesí (DOF, 2011).

La región ha sido considerada sumamente rica y diversa en su producción agropecuaria, sus tierras son de gran variedad y aptas para los cultivos tropicales. En materia agrícola dentro de la CRGT se tiene que un 81.9% de la superficie sembrada es finalmente productiva, siendo el sorgo y pastos los principales cultivos, seguidos del chile verde, caña de azúcar, el tomate rojo, los cítricos, el cártamo, la soya, la sábila y el frijol. Más de la mitad de la actividad agrícola se presenta bajo el régimen de temporal, donde el maíz es el más siniestrado con un total de 15,454 hectáreas (INEGI, 2009). Esta situación es indicativa de las necesidades de riego que se tienen en la cuenca, para asegurar una mayor productividad.

Dentro del total de cultivos en la región, la sábila, es un producto que incrementa rápidamente la superficie cultivada, aparece como el más rentable en términos de volumen y valor de la producción, sin embargo, este cultivo no se ha generalizado y se concentra en un reducido grupo de agricultores que tienen capacidad económica para sembrar importantes extensiones de tierras, y que se asocia con un proceso agroindustrial que trasforma la sábila en materias primas de consumo humano e industrial, a través de la elaboración de subproductos (cremas, shampoo, bebidas y deshidratados para industria farmacéutica).

2.4 CONCLUSIONES

De las doce subcuencas hidrológicas analizadas los resultados muestran que en las comunidades de los ríos: Jaumave-Chihue, Mante, Guayalejo 3, Guayalejo 4, Tantóan y Tamesí las actividades de la población ocupada se desempeñan principalmente en el sector terciario, es decir, de servicios, distribuidas en actividades de gobierno local, educación, salud, transporte y el comercio.

Mientras que en las comunidades de los ríos: Guayalejo 1, Guayalejo 2, Sabinas, Comandante 1, Comandante 2 y la subcuenca hidrológica arroyo El Cojo, las actividades de la población ocupada se desempeñan principalmente en el sector primario, en este caso son actividades de agricultura, cría, explotación de animales, aprovechamiento forestal, pesca y caza.

En este sentido, es importante hacer mención que la actividad primaria que se da en la cuenca, es identificada a través de la población ocupada por sector de actividad económica, mientras que los datos de las unidades económicas establecido por el (DENUE) no muestran la misma tendencia en este sector, esto nos lleva a reflexionar que existen personas que trabajan en el sector primario, pero no necesariamente están laborando dentro de una unidad económica registrada formalmente. Es decir, las unidades económicas son las unidades estadísticas sobre las cuales se recopilan datos, se dedican principalmente a un tipo de actividad de manera permanente, combinando acciones y recursos bajo el control de una sola entidad propietaria o controladora, para llevar a cabo producción de bienes y servicios, sea con fines mercantiles o no. Se definen por sector de acuerdo con la disponibilidad de registros contables y la necesidad de obtener información con el mayor nivel de precisión analítica (INEGI, 2007).

La producción agropecuaria que es característica de las 6 subcuencas antes citadas, es en gran medida orientada al autoconsumo, y está relacionada con la utilización de los recursos naturales del territorio para obtener bienes para preservar la existencia, se trata de actividades agropecuarias. Relacionadas con el minifundio y se basa en el uso intensivo de la mano de obra familiar donde las zonas productoras presentan una correlación estrecha con las regiones de alta marginación y pobreza del país (SAGARPA, 2013). En esta forma de producción no median operaciones comerciales que dejen un registro contable, objeto de análisis estadístico.

Lo que hace denotar el grado de problemática social a la que está sujeta la población que vive de la actividad económica primaria. Se puede desprender que el problema del sector es consecuencia de factores externos e internos. Los factores externos están determinados por la globalización del mercado y específicamente por la apertura comercial que permite la libre entrada de bienes y servicios ofrecidos especialmente por los competidores, es decir dándose una competencia desigual debido a que existe un fuerte esquema de subsidios, un patrón de consumismo, así como estrictos esquemas de certificación que impide que los productores locales tengan acceso al mercado. Otros factores de carácter interno y regional, que ha afectado son las condiciones climáticas adversas. Las proyecciones relacionadas con los cambios en la precipitación consideran que la temperatura aumentara gradualmente hasta alcanzar 2°C y las lluvias reducirán su cuantía, lo que hace que las cuencas tenga problemas para cubrir la demanda que necesitan las actividades económicas primarias, secundarias y terciarias (IPCC, 2007).

BIBLIOGRAFÍA

Alcocer, J. (2015). Reporte Mexicano de Cambio Climático. Grupo II. Impactos, Vulnerabilidad y Adaptación. En C. C. Gay (Ed.), *Capítulo 2. Aguas Continentales* (págs. 41-56). México, D.F.: Universidad Nacional Autónoma de México y Programa de Investigación en Cambio Climático.

Comisión de Cuenca del Río del Guayalejo-Tamesí. (2012). *Programa de Gestión del Agua de la Cuenca del Río Guayalejo-Tamesí.* Gerencia Operativa del Consejo de Cuenca del Río Pánuco.

CONAGUA. (2004). *Ley Federal de Aguas Nacionales y su reglamento.* México, D.F.: Comisión Nacional del Agua.

CONAGUA. (2008). *Programa Nacional Hídrico 2007-2012. Secretaría de Medio Ambiente y Recursos Naturales.* Obtenido de http://semarnat.janium.net/janium/Documentos/218057.pdf

CONAGUA. (2011). *Agenda del agua 2030, Secretaria de Medio Ambiente y Recursos Naturales.* Obtenido de www.conagua.gob. mx/...Foroagendadelagua2030/Folleto.pdf

CONAGUA. (2012a). *Atlas del Agua en México.* Secretaría de Medio Ambiente y Recursos Naturales. Recuperado el 28 de diciembre de 2015, de www.conagua.gob.mx/CONAGUA07/Publicaciones/.../ SGP-36-12.pdf

CONAGUA. (2012b). *Atlas Digital de Agua 2012.* México, D.F.: Secretaría de Medio Ambiente y Recursos Naturales. Recuperado el 28 de diciembre de 2015, de http://www.conagua.gob.mx/atlas/ index.html

CONAGUA. (2013). *Ley Federal de Derechos. Disposiciones Aplicables en Materia de Aguas Nacionales.* México, D.F.: Secretaría de Medio Ambiente y Recursos Naturales.

CONAGUA. (2014). *Estadísticas del Agua en México.* México, D.F.: Secretaría de Medio Ambiente y Recursos Naturales.

Cotler, H. (2004). *El manejo integral de cuencas en México: estudios y reflexiones para orientar la política ambiental.* México, D.F.: SEMARNAT, INE.

Defensoría del Pueblo. (2015). *Conflictos soiales y recursos hídricos* (Primera ed.). Lima, Perú: Serie de Informes de Adjuntía, Informe No. 001-2015-DP/APCSG.

DOF. (17abr2002). *NOM-011-CNA-2000. Conservación del recurso agua-Que establece las especificacionesy el método para determinar la disponibilidad media anual de las aguas nacionales.* Diario Oficial de la Federación de México. Secretaría de Medio Ambiente y Recursos Naturales.

DOF. (18jul2011). *Acuerdo de actualización de la disponibilidad media anual de las aguas superficiales en las cuencas hidrológicas que forman parte de la Subregión Hidrológica Río Pánuco de la RH26 Pánuco.* Diario Oficial de la Federación de México.

DOF. (2011). *Acuerdo por el que se actualiza la disponibilidad media anual de las aguas superficiales en las cuencas hidrológicas.* Obtenido de http://dof.gob.mx/nota_detalle.php?codigo=5201212 &fecha=18/07/2011

DOF. (20sep2012). *NMX-AA-159-SCFI-2012. Norma Mexicana que establece el procedimiento para la determinación del caudal ecológico en cuencas hidrológicas.* México, D.F.: Secretaría de Economía, Diario Oficial de la Federación de México. Recuperado el 28 de diciembre de 2015, de http://www.conagua.gob.mx/CONAGUA07/Noticias/NMX-AA-159-SCFI-2012.pdf

DOF. (23jul2014). *Proyecto de Modificación a la NOM-011-CNA-2000, Conservación del recurso agua, que establece las especificaciones y el método para determinar la disponibilidad media anual de las aguas nacionales.* Diario Oficial de la Federación de México. Recuperado el 30 de septiembre de 2015, de http://www.dof.gob.mx/nota_detalle.php?codigo=5387027&fecha=27/03/2015

INEGI. (2007). *Censo Agrícola, Ganadero y Forestal.* Obtenido de http://www3.inegi.org.mx/sistemas/tabuladosbasicos/default.aspx?c=17177&s=est

INEGI. (2009). *Catálogo de Claves de Entidades Federativas, Municipios y Localidades.* Obtenido de www.inegi.org.mx › Geografia › Marco Geoestadístico Nacional

INEGI. (2010). *Censo General de Población y Vivienda, Tabulados Básicos.* Tamaulipas, México.

INEGI. (2015). *Directorio Estadístico Nacional de Unidades Económicas (DENUE).* Obtenido de http://www3.inegi.org.mx/sistemas/mapa/denue/default.aspx

INEGI. (2015). *Tabulados de la Encuesta Intercensal.* Obtenido de http://www3.inegi.org.mx/sistemas/tabuladosbasicos/default.aspx?c=33725&s=est

IPCC. (2007). *Climate Change 2007: The Physical Science Basis. Contribution of Working Group I to the Fourth Assessment Report of the Intergovernmental Panel on Climate Change.* Cambridge University Press, Cambridge, United Kingdom and New York, NY, USA, 996 pp.: S. Solomon, D. Qin, M. Manning, Z. Chen, M. Marquis, K.B. Averyt, M. Tignor and H.L. Miller.

IPCC. (2008). Climate Change and Water. IPCC Technical Paper VI. WMO. UNEP. OSD. 2011. Why use scenarios? Schooling for tomorrow: knowledge Bank. IPCC (Intergovernamental Panel on Climate Change).

IPCC. (2014). *Climate Change 2014: Synthesis Report. Contribution of Working Groups I, II and III to the Fith Assessment Report of the Intergovernmental Panel on Climate Change.* Ginebra, Suiza. Recuperado el 20 de agosto de 2015, de http://ar5-syr.ipcc.ch/ipcc/ipcc/resources/pdf/ipcc_SynthesisReport.pdf

IPCC-WGII. (2007). *Summary for Policymakers. In: Climate Change 2007: Impacts, Adaptation and Vulnerability. Contribution of Working Group II to the Fourth Assessment Report of the Intergovernmental Panel on Climate Change.* Cambridge University Press, Cambridge, United Kingdom and New York, NY, USA. 16 pp.

IPCC-WGII. (2007). *Summary for Policymakers. In: Climate Change 2007: Impacts, Adaptation and Vulnerability. Contribution of Working Group II to the Fourth Assessment Report of the Intergovernmental Panel on Climate Change.* Cambridge University Press, Cambridge, United Kingdom and New York, NY, USA: M. L. Parry, O. F. Canziani, J. P. Palutikof, P. J. van der Linden and C. E. Hanson.

PNUD. (2006). "La guía de recursos: Transversalización del enfoque de género en la gestión del agua". Versión 2.1. GWA (Programa de las Naciones Unidas para el Desarrollo – Alianza Género y Agua).

Richards M. (1997). The Potential for Economic Valuation of Watershed Protection in Mountainous Areas: A Case Study from Bolivia. *Mountain Research and Development Vol. 17*, 19-30.

Richards, M. (1997). El potencial para la valoración económica de la Protección de la Cuenca en las zonas montañosas: Un estudio de caso de Bolivia. *Richards, M. (1997). El potencial para la valoración económica de la Protección d Investigación y Desarrollo de montaña vol. 17*, 19-30.

SAGARPA. (2013). *Agricultura de autoconsumo. apoyo a pequeños productores de maíz de hasta 3 hectáreas.* Obtenido de Marco de la Cruzada Nacional contra el Hambre: http://www.sagarpa.gob.mx/Delegaciones/oaxaca/Paginas/Autoconsumo2013.aspx

SEMARNAT. (2012). *Programa Regional Hídrico, Visión 2030. Región Hidrológico-Administrativa IX Golfo-Norte.* México, D.F.: Comisión Nacional del Agua.

Jiménez-Hernández, Sergio; Martínez-Cano, Esperanza, Salinas-Castillo, Wilver y Álvarez-García, María del Carmen 2017. Ordenamiento Ecológico en la Cuenca. pp. 103-146. En: Arcos-Espinosa, Gabriel; González-Turrubiates Dora y Martínez-Cano Esperanza (Comps.). El Recurso Hídrico en Tamaulipas: La Cuenca del Río Guayalejo Tamesí. 228 p.

Capítulo 3

Ordenamiento Ecológico en la Cuenca

Jiménez-Hernández, Sergio[1]; Martínez-Cano, Esperanza[2]; Salinas-Castillo, Wilver[3] y Álvarez-García, María del Carmen[4]

[1,2] Profesor Tiempo Completo de la Facultad de Ingeniería "Arturo Narro Siller" de la Universidad Autónoma de Tamaulipas y Miembro Integrante del Cuerpo Académico UAT-CA-28.
E-mail: sjimenez@docentes.uat.edu.mx; emartinez@docentes.uat.edu.mx
[3] Profesor Tiempo Completo de la Facultad de Ingeniería y Ciencias de la Universidad Autónoma de Tamaulipas y Miembro Integrante del Cuerpo Académico UAT-CA-28.
E-mail: wsalinas@docentes.uat.edu.mx
[4] Profesor Tiempo Completo de la Facultad de Ciencias Marinas de la Universidad de Colima y Miembro Integrante del Cuerpo Académico UCOL-CA-32.
E-mail: malvarez1@ucol.mx

RESUMEN

El Programa de Ordenamiento Ecológico Regional de la Cuenca del Río Guayalejo Tamesí (POER-CRGT) es un instrumento de la política ambiental de planificación que se ha desarrollado en un esfuerzo conjunto de la Delegación Estatal de la Secretaría de Medio Ambiente y Recurso Naturales en Tamaulipas, la Comisión Federal de Electricidad, la Comisión Nacional del Agua y la Universidad Autónoma de Tamaulipas. Todo esto con la finalidad de planificar y manejar sustentablemente la Cuenca Hidrológica 26 B río Guayalejo Tamesí, la cual corresponde a la Región Hidrológica 26 río Pánuco. En este trabajo se presentan los criterios de ordenamiento ecológico para garantizar el manejo a largo plazo del recurso hídrico en la cuenca y más aún la conservación de los ecosistemas que permitan mantener un ciclo hidrológico equilibrado. El gran reto es establecer políticas de transferencia de recursos económicos de los usuarios del agua cuenca abajo (los que mayormente la utilizan) hacia las comunidades cuenca arriba (principalmente en la Reserva de la Biosfera de "El Cielo"). En este apartado se hace una descripción de los principales conflictos ambientales y recomendaciones de actuación para el mejor manejo de la cuenca, y de manera conjunta con otras secciones del libro se busca tener un visión integrada de la misma.

Palabras clave: *Ordenamiento Ecológico, Cuenca, R*ío Guayalejo Tamesí.

3.1. ANTECEDENTES

La Cuenca del Río Guayalejo Tamesí (CRGT), netamente Tamaulipeca, es de mucha importancia para el Estado ya que de ella depende la sustentabilidad del desarrollo económico, industrial y social de la zona sur de Tamaulipas, y la cual debido al crecimiento irregular, se empiezan a sentir los efectos principalmente en el área hídrica (Carvajal-Villarreal, 2012). La problemática ambiental del desarrollo, plantea la necesidad de revertir las tendencias actuales y construir una racionalidad productiva sobre nuevos principios (Grill, 2014). Ello implica pasar a una planificación prospectiva de modelos alternativos de desarrollo sustentable, fundados en un ordenamiento ecológico de las actividades productivas y de los asentamientos humanos (SEMARNAT, 2006). Para asumir los retos presentes, de mediano y largo plazo en materia de desarrollo y medio ambiente, y aspirar a un futuro con mayor certidumbre, es necesaria la planificación del territorio en función del patrimonio natural, de los medios de transformación de los recursos naturales y de los costos y beneficios que éstos aportan a la población de los municipios que se encuentran integrados en el área de ordenamiento ecológico.

3.2 CARACTERIZACIÓN AMBIENTAL

La diversidad de escenarios ambientales en la CRGT conforma un gran potencial para el desarrollo de las diferentes actividades productivas que se desarrollan en el territorio de la cuenca, por lo que es de suma importancia que se planee y administre con criterios ambientales, considerando la diversidad de los escenarios y aprovechando los recursos naturales. Razón por la cuál es urgente formular y aplicar un Programa de Ordenamiento Ecológico Regional en la Cuenca del Río Guayalejo Tamesí (POER-CRGT), que amortigüe los impactos negativos que genera y generará el acelerado desarrollo de ésta región.

La superficie que comprende el POER-CRGT es de 23,378.00 km^2, que corresponde al 29.2% del territorio del Estado de Tamaulipas y se encuentra integrado por los siguientes diecinueve municipios de Tamaulipas: Altamira, Antiguo Morelos, Bustamante, Casas, Ciudad Madero, Gómez Farías, González, Güémez, Jaumave, Llera, El Mante, Miquihuana, Nuevo Morelos, Ocampo, Palmillas, Tampico, Tula, Victoria y Xicoténcatl. Cabe recalcar que para este Ordenamiento Ecológico se consideran las superficies completas de los municipios del Estado de Tamaulipas que ocupan territorio en la CRGT, es decir, el límite municipal y no el parteaguas de la CRGT. En la Tabla 3.1, se enlistan los municipios que integran el área del POER-CRGT y el porcentaje que representan respecto al área total y al área ocupada en el límite de la CRGT. De estos municipios, únicamente los territorios de El Mante, Gómez Farías y Xicoténcatl se encuentran en el área de estudio al 100%.

Tabla 3.1 Municipios que integran el área de POER-CRGT.

No.	Municipio	Territorio Municipal con respecto al área de OER-CRGT		Territorio Municipal con respecto al límite de la CRGT	
		(km²)	Porcentaje	(km²)	Porcentaje
1	Altamira	1,657.00	6.05%	709.66	4.2%
2	Antiguo Morelos	579.00	2.11%	513.83	3.1%
3	Bustamante	1,415.00	5.17%	29.77	0.2%
4	Casas	3,055.00	11.16%	286.49	1.7%
5	Ciudad Madero	48.00	0.18%	48.00	0.3%
6	El Mante	1,631.00	5.96%	1,631.00	9.7%
7	Gómez Farías	709.00	2.59%	709.00	4.2%
8	González	3,243.00	11.85%	2,961.87	17.6%
9	Güémez	1,180.00	4.31%	73.99	0.4%
10	Jaumave	2,677.00	9.78%	2,642.04	15.7%
11	Llera	2,569.00	9.38%	2,038.11	12.1%
12	Miquihuana	862.00	3.15%	260.52	1.5%
13	Nuevo Morelos	304.00	1.11%	2.45	0.0%
14	Ocampo	1,529.00	5.58%	1,076.60	6.4%
15	Palmillas	486.00	1.78%	459.54	2.7%
16	Tampico	117.00	0.43%	99.65	0.6%
17	Tula	2,986.00	10.91%	207.19	1.2%
18	Victoria	1,452.00	5.30%	212.26	1.3%
19	Xicoténcatl	879.00	3.21%	879.00	5.2%
	Total:	**27,378.00**	**100%**	**16,810.60**	**100%**

Fuente: INEGI (2001).

Reserva Natural de la Biosfera "El Cielo"

La Reserva de la Biosfera de "El Cielo" (RBEC) o también conocido solamente como "El Cielo", se localiza en la porción sureste del Estado de Tamaulipas, y queda dentro del territorio de la CRGT, abarca ambas vertientes de una porción de la *Sierra Madre Oriental* en lo que se conoce como *Sierra de Cucharas o Guatemala* y comprende a los municipios de Gómez Farías (15%), Jaumave (56%), Llera (12%) y Ocampo (16%). Está limitada por los paralelos 22°55' y 23°25'50" LN y los meridianos 99°95'50" y 99°26'30" LW. (Steinberg, 2014).

La *Sierra de Cucharas o Guatemala* forma un macizo divergente de la *Sierra Madre Oriental*, que consiste en varias colinas orientadas en dirección norte-sur caracterizadas por sus pendientes pronunciadas (las altitudes pueden variar de 300 a 2,100 msnm en menos de 7 km). Presenta dos elevaciones importantes dando un pequeño valle entre ambas y conformando en parte la formación *Tamaulipas*.

La Reserva de la Biosfera de "El Cielo", abarca otra serie de pequeñas sierras orientadas también en dirección norte-sur, siendo las más importantes: La *Sierra de San Agustín*, la *Sierra La Maroma* y las *Sierras El Otate y La Cuchilla de San Pedro* en la región norte, en la cercanía del Río Guayalejo, municipio de Llera. En el municipio de Jaumave, encontramos la *Sierra Santa Fe* y el *Duraznillo*, así como una sección de la *Sierra El Magueyoso*. Estas sierras se encuentran constituidas principalmente por masas calcáreas secundarias del cretácico inferior de origen sedimentario (Puig, 1976). Los anticlinales presentes en la zona, debido a su naturaleza calcárea, no permiten un buen drenaje, especialmente en la ladera este de la Sierra, provocando escurrimientos hacia el Río Sabinas

Los minerales encontrados en el área son principalmente calcita, barita y fluorita, así como basalto (Lof, 1980).

La topografía de la *Sierra de Guatemala* es cárstica, con clima y hundimientos de varios metros de diámetro, ocasionando una variedad de microambientes muy alta en la zona. Los suelos son predominantemente *litosoles* y *rendzinas*. Cabe mencionar que la zona está sometida a los vientos alisios, creando la estación lluviosa en verano, apareciendo en invierno masa de aire polar o "nortes", (Puig, 1976).

Debido a la diversidad de condiciones geográficas, climáticas y topográficas, dentro de la zona de la reserva se reconocen cinco tipos de vegetación fundamentalmente (Rzedowksi, 1978).

En la ladera orientada al Golfo de México, se encuentra un gradiente altitudinal, donde aparece en la parte más baja (entre los 200 y 800 msnm) el *Bosque Tropical Subcaducifolio,* que se encuentra representado en la llamada *Sierra Chiquita* y en la ladera oriental de la *Sierra Cucharas.*

En comunidades primarias, los árboles llegan a los 20 m de altura, pero el promedio es de 12 m, siendo los más representativos en el dosel superior: *bursera simaruba*; *brosimum alicastrum*; *enterolobium cyclocarpum*; *mirandaceltis monoica*; *cedrela mexicana*; *leucaena pulverulenta* y *phoebe tampicensis*, entre otros. Esta región representa una de las comunidades limítrofes al norte de este tipo de vegetación.

La siguiente comunidad en este gradiente altitudinal es el *Bosque Mesófilo de Montaña*, localizado entre los 700 y 1,400 m de altitud. Este bosque es el más húmedo de la zona, presentando neblina la mayor parte del año.

El estrato arbóreo presenta una diferenciación en base a altura (Puig, 1976), teniendo en el dosel entre 15 y 25 m de altitud, encontrando especies como: *liquidambar straciflua, acer skutchii, fagus mexicana, quercus germana*. Entre 12 y 15 m, se encuentran: *carya ovata var mexicana, juglans mollis, magnolia tamaulipana*. El tercer sustrato lo constituye *meliosma oaxacana, turpinia occidentalis* entre otros. Finalmente, el cuarto subestrato presenta especies como *eugenia capuli* y *ternstroemia sylvatica*. Los estratos arbustivo y herbáceo son muy densos y se presentan una gran cantidad de trepadoras. En este mismo gradiente, encontramos una comunidad mixta de Encino-Pino entre los 1,400 y 2,100 m. En las laderas orientales dominan dos especies de pinos: *pinus patula* y *pinus pseudostrobus;* y los encinos: *quercus laurina, quercus laeta* en el estrato arbóreo. En el estrato arbustivo dominan *arbutus xalapensis* y *eupatorium gaulthenia*, entre otros. Las *lianas, epífitas* y el estrato herbáceo son muy pobres.

En las laderas occidentales encontramos fundamentalmente dos comunidades: El Chaparral dominado por especies de los géneros *quercus* y *rhus* y el Matorral Submontano, dominado por *helietta parvifolia, pithecellobium pallens*.

La región presenta fauna silvestre proveniente de regiones neárticas y neotropicales, siendo el Bosque Mesófilo un lugar de incidencia de ambas provincias biogeográficas. En la zona existen poblaciones activas de grandes felinos como el jaguar (*felis onca*), ocelote (*felis pardalis*), el gato montés (*lynx rufus*) y el puma (*felis concolor*). Entre los cánidos encontramos poblaciones de coyotes (*canis latrans*) fundamentalmente. En la ladera oeste se han reportado osos negros (*ursus americanus*), en zonas altas del municipio de Jaumave y Gómez Farías.

Otros mamíferos que se reportan son: Mustélidos como la comadreja Mustela frenata, zorrillos de los géneros *mephitis, spilogale* y *conapatus*; también se presentan mapaches (*procyon lotor*), tlacuaches (*didelphis virginiana*), coatís (*nasua nasua*), venados cola blanca (*odocoileus virginianus)*, temazates (*mazama americana*), precaris (*dicotyles tejacu*), tres especies de ardillas arborícolas (*Sciurus sp.*), 23 especies de roedores y algunos mamíferos más. Se presentan especies susceptibles a extinción (jaguar, oso negro de nuestro país, venado, temazate, etc.) y especies de valor cinegético (precaris, venados cola blanca, etc.).

En la RBEC se han creado listas preliminares por observadores de la estación del Rancho "El Cielo", sobre la avifauna local, encontrando 255 especies residentes y más de 175 migratorias. En el *Bosque Mesófilo* y sus alrededores, 25 especies de anfibios y 60 especies de reptiles, (Gram, 1997).

En la Tabla 3.2 se presenta un resumen de los servicios ambientales que se presentan en el área de la CRGT donde se puede apreciar el recurso de donde se toma, el servicio que presta, la forma en la que el beneficio es retribuido, la explotación que se hace al recurso y las pérdidas que se presentan.

3.3 ORDENAMIENTO ECOLÓGICO Y CONFLICTOS AMBIENTALES

En sentido estricto, el Ordenamiento Territorial es un proceso de planeación dirigido a evaluar y programar el uso del suelo y el manejo de los recursos naturales en el territorio nacional y las zonas sobre las que la nación ejerce su soberanía y jurisdicción, para preservar y restaurar el equilibrio ecológico y proteger al ambiente, (SEMARNAT, 2006).

El Ordenamiento Territorial permite orientar el emplazamiento geográfico de las actividades productivas, así como las modalidades de uso de los recursos y servicios ambientales, constituyendo el cimiento de la política ecológica. El ordenamiento debe ser la base para determinar la densidad y formas de uso del suelo, las áreas a conservar y restaurar.

De acuerdo al Manual del Proceso de Ordenamiento Ecológico (SEMARNAT, 2006), el Ordenamiento Ecológico del Territorio es un instrumento de la política ambiental que está instituido por la Ley General del Equilibrio Ecológico y Protección al Ambiente (LGEEPA) desde 1988. En ese año la entonces Secretaría de Desarrollo Urbano y Ecología (SEDUE) editó el primer Manual de Ordenamiento Ecológico del Territorio. De ese tiempo a la fecha, son muchos los avances metodológicos y tecnológicos que se han desarrollado. Sin embargo, los cambios más considerables son los de índole conceptual que permiten al Ordenamiento Ecológico constituirse como un instrumento de política pública para maximizar el consenso y minimizar el conflicto en la sociedad. Esto ha provocado que este instrumento goce de buena aceptación entre los diferentes sectores ya que ven en él una forma de arribar a un consenso entre preservación del ambiente y desarrollo económico y social. Para atender esta evolución conceptual, se publicó en agosto del 2003 el Reglamento de la LGEEPA en materia de ordenamiento ecológico. En el ordenamiento ecológico se plantea como un proceso de planeación que promueve la participación social corresponsable, la transparencia del proceso al hacer accesible la información que se genera y las decisiones que

Tabla 3.2 Servicios ambientales de los recursos
naturales en el área del POER-CRGT.

No.	Recurso	Servicio	Beneficio	Explotación	Causa de Pérdida
1	Agua	Ciclo hidrológico, mantenimiento de los seres vivos, interacciones con procesos biológicos-químicos y físicos del ecosistema en mantenimiento de hábitat para la flora, fauna y vida silvestre, fertilización y formación de suelos; belleza del paisaje.	Directo	Agua potable, producción biológica, agricultura, industria, generación de electricidad, transporte de sedimentos, extracción de agua en mantos acuíferos, y pozos.	Contaminación, deforestación, cambio climático, cambio en los patrones naturales de flujos y sedimentos.
2	Cuenca	Captación de agua de diferentes fuentes de precipitación y distribución en escurrimientos de manantiales, ríos y arroyos, sumideros de dióxido de carbono, alberga bancos germoplasma, regulación de la recarga hídrica y los ciclos biogeoquímicos, conservación de la biodiversidad y mantenimiento de la integridad y diversidad de los suelos.	Directo	Infraestructura industrial, urbana, pesquera, ganadera, agricultura, acuícola, extractivo, explotación del manto freático, pozos, extracción directa de flujos acuáticos, extracción de aguas azules.	Pérdida acelerada del manto vegetal, erosión de los suelos, decrecimiento de la disponibilidad y sobreexplotación de las aguas azules.

3	Humedales	Sitios de reproducción de especies acuáticas tanto marinas como de agua dulce, aves, reptiles, moluscos, y manglares. Continuidad de los ciclos ecológicos, preservación del banco genético, captura de carbono y liberación de oxigeno, continuidad en procesos hidrológicos, proveedores de productos comestibles, belleza escénica y recreación.	Directo	Acuicultura, turismo, extracción de productos no maderables, actividad cinegética, cacería y pesca para autoconsumo y artesanal	Contaminación, deforestación del manglar, cambio en los patrones naturales de flujos y sedimentos, pesca ilegal, vedas no respetadas.
4	Forestal	Captura de agua, protección de cuencas hidrológicas, conservación de biodiversidad (genética, de especie y de ecosistema), captación de carbono, (regulación en el calentamiento climático), regulación del ciclo hidrológico, control de erosión y sedimentación, reducción de la salinidad de los suelos y niveles freáticos, mantenimiento de hábitats y aumento en la infiltración y retención del suelo, control de inundaciones y derrumbes, belleza escénica.	Directo	Industria bioquímica, explotación de producción maderable y no maderable, industria farmacéutica, proveedores de alimento, combustibles, barreras contra el viento y aisladores de ruido, ecoturismo, parques nacionales, aserraderos, recreación pasiva.	Deforestación, conversión a tierras agrícolas, incendios erosión, perdida del suelo, contaminación.

5	Flora	Belleza escénica, variabilidad genética, protección de los suelos, control de erosión, biodiversidad, alimentación, medicamentos	Directo	Alimentos, explotación industrial, farmacéutico, artesanal, belleza recreacional y educativa en jardines botánicos naturales, artesanal, agricultura, Industrial.	Cambio en el uso del suelo, erosión, contaminación agrícola, industrial y extractiva.
6	Fauna	Variabilidad genética, producción de abono orgánico, estabilidad en la trama alimenticia, continuidad en los ciclos ecológicos, proveedores de alimentos, artesanías y medicamentos.	Directo	Alimentos, explotación industrial, actividad cinegética controlada, pieles, medicamentos, artesanal farmacéutico, artesanal, belleza recreacional, y educativa en parques.	Actividad cinegética ilegal, cambio en el uso de suelo, contaminación industrial y extractiva.

Fuente: SEMARNAT (2006).

involucran; así como el rigor metodológico en la obtención de información, los análisis y la generación de resultados.

El marco legal actual es descrito tanto por la SEMARNAT (SEMARNAT, 2006) como en el libro "La política de ordenamiento territorial en México: de la teoría a la práctica" (Sánchez Salazar, 2013).

Biodiversidad en la CRGT

Fauna

La situación biogeográfica de México, es una de las causas principales de la gran biodiversidad de fauna, debido a que es una zona de transición entre las regiones Neártica y Neotropical (Neyra, 1998).

115

México es un país megadiverso, ocupa el tercer lugar en diversidad a nivel mundial, ya que alberga el 10% de los organismos terrestres (Mittermeier R. G., 1992). El total de las especies terrestres de México es de 2,539, de los cuales 704 son reptiles y 209 son anfibios (CONABIO, 1998).

La obtención de un inventario completo, o lo más completo posible, de las comunidades de peces, aves, mamíferos, anfibios y reptiles, así como la detección y análisis de grupos de especies focales (i.e., especies con categoría de protección legal) es uno de los rasgos más importantes que nos permite conocer la riqueza con la que cuenta en sitio de estudio así como la restauración o protección de algunos sitios con gran riqueza de especies a lo largo de la CRGT.

Para este estudio, se consideró la relación de la fauna con la vegetación que se encuentra en el área del POER-CRGT. En la Tabla 3.3 se indica el tipo de vegetación que se consideró y la simbología utilizada en las gráficas que indican el número de especies reportadas para cada tipo de vegetación.

Tabla 3.3 Tipo de vegetación con su simbología.

No.	Tipo de Vegetación	Simbología
1	Bosque cultivado	B
2	Bosque de ayarin	S
3	Bosque de encino	Q
4	Bosque de encino-pino	Qp
5	Bosque de galeria	Bg
6	Bosque de pino	P
7	Bosque de pino-encino	Pq
8	Bosque de táscate	J
9	Bosque mesófilo de montaña	M
10	Chaparral	Ch
11	Manglar	Ma
12	Matorral desértico micrófilo	Dm
13	Matorral desértico rosetófilo	Dr
14	Matorral submontano	Sm
15	Mezquital	Mz
16	Palmar	Pa
17	Selva baja caducifolia	Bc
18	Selva baja espinosa	Be
19	Selva baja subcaducifolia	Bs
20	Selva mediana subcaducifolia	Ms
21	Selva mediana subperenifolia	Mq
22	Tular	Tu
23	Vegetación Halófila	Vh

Fuente: CONABIO (1998).

Abundancia de especies de peces

En el Gráfico 3.1 se observa la distribución ictiológica para la cuenca alta y baja de la CRGT, así como para las lagunas interiores que la componen. En la cuenca baja es donde se reporta el mayor número de especies.

Aves pertenecientes al Área de Ordenamiento Ecológico

El conocimiento de los recursos naturales de una región requiere de un estudio profundo de la diversidad, abundancia y distribución ecológica de la biota.

Este aspecto ha sido enfatizado recientemente debido a la urgencia de conservar la riqueza biológica de México (Toledo, 1988) (Flores, 1988), que es uno de los países del mundo con más alta diversidad biológica (Mittermeier R. A., 1988).

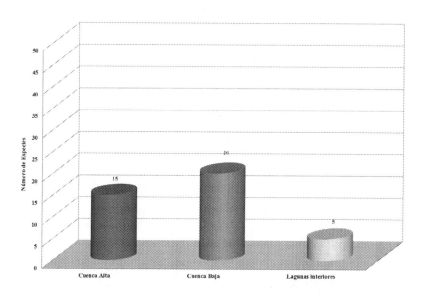

Gráfico 3.1 Distribución de las especies de peces en la CRGT.
Fuente: Jiménez-Hernández, S. (2005).

Las aves han sido utilizadas como indicadores confiables del estado que guardan los hábitats, así como modelos que indican que la diversidad biológica de alguna zona en particular en este caso para el OE de la CRGT.

En base a la información mostrada en el Gráfico 3.2 se observa una mayor abundancia de aves en el estrato arbóreo de *Selva Baja*

Caducifolia (Bc), está presente en su mayor parte en la *Llanura Costera del Golfo de México*, por las cercanías a los cuerpos de agua, así como a la zona litoral donde se ve la presencia de aves migratorias las cuales aumentan la biodiversidad en determinada temporada del año.

En el Gráfico 3.3 se representa claramente un número similar de especies bajo algún estatus de protección en *Bosque Cultivado (B)*, *Bosque de Encino (Q)*, *Bosque de Encino-Pino (Qp)*, así como en el área de Pino que es representado en las zonas más altas del AOE, en los municipios de Gómez Farías y Jaumave.

El Gráfico 3.4 marca claramente que el área o el dosel arbóreo con mayor biodiversidad bajo estatus de protección es el *Matorral submontano (Sm)* ampliamente distribuido en el AOE con gran cobertura y preferencia por las especies ya que sirve de resguardo, así como de anidación hablando particularmente de aves.

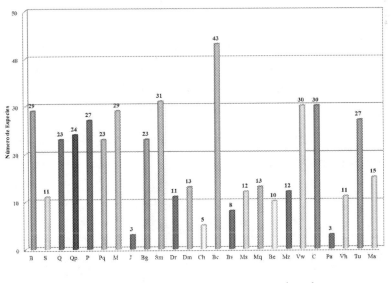

Gráfico 3.2 Abundancia de aves por tipo de vegetación (ver simbología en la Tabla 3.4).
Fuente: Jiménez-Hernández, S. (2005).

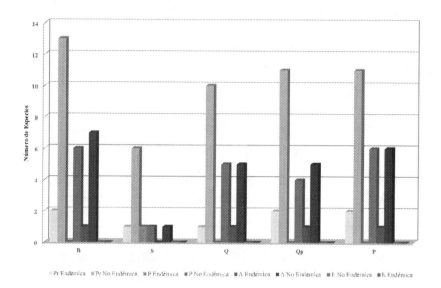

Gráfico 3.3 Número de especies de aves bajo estatus
por tipo de vegetación (B, S, Q, Qp, P).
E: Probablemente extinta en el medio silvestre P: En peligro de
extinción A: Amenazada Pr: Sujeta a protección especial.
Fuente: Jiménez-Hernández, S. (2005).

En el Gráfico 3.5 se puede apreciar que en la *Selva Baja Caducifolia (Bc)* se presenta la mayor concentración de especies de aves bajo estatus, este tipo de vegetación se ve ampliamente representada en toda la planicie costera, la dimensión de este tipo de vegetación y la cantidad de especies citadas para ella muestran la gran cobertura dentro del área de estudio.

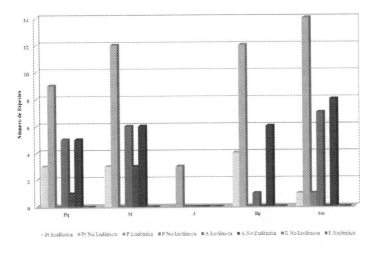

Gráfico 3.4 Número de especies de aves bajo estatus
por tipo de vegetación (Pq, M, J, Bg, Sm).
E: Probablemente extinta en el medio silvestre P: En peligro de
extinción A: Amenazada Pr: Sujeta a protección especial.
Fuente: Jiménez-Hernández, S. (2005).

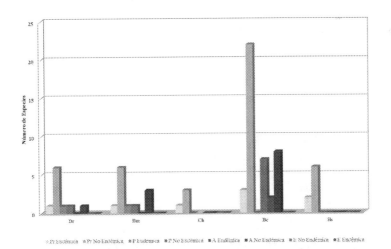

Gráfico 3.5 Número de especies de aves bajo estatus
por tipo de vegetación (Dr, Dm, Ch, Bc, Bs).
E: Probablemente extinta en el medio silvestre P: En peligro de
extinción A: Amenazada Pr: Sujeta a protección especial.
Fuente: Jiménez-Hernández, S. (2005).

121

En el Gráfico 3.6 se observa que en el *Pastizal Cultivado (Vw)* se presenta la mayor concentración de especies de aves bajo estatus, en este tipo de vegetación cabe señalar que dentro de lo que es la planicie costera de Tamaulipas el 70% del uso de suelo es para la agricultura o ganadería, predominando los pastizales sitio propicio para aves pequeñas, medianas y mamíferos pequeños.

En el Gráfico 3.7 el *Tular (Tu)* es donde se concentran en mayor cantidad las especies de aves bajo estatus, este se ve representado a lo largo de toda el Área de Ordenamiento Ecológico es de gran importancia para aves migratoria así como estacionales y residentes, cabe destacar sitios con mayor arribadas de especies como lo son las marismas de Altamira y lagunas interiores del mismo municipio así como sistemas de manglares de toda la parte baja de la cuenca.

Mamíferos pertenecientes al Área de Ordenamiento Ecológico

En lo referente a mamíferos dentro del área de ordenamiento ecológico de la CRGT, se pueden catalogar en tres zonas para su estudio debido a la geomorfología del sitio, así como al tipo de vegetación característica.

Zona 1. Cuenca alta del Guayalejo: la cual engloba los sistemas de cordilleras, sierras y partes altas del Estado con una vegetación que va desde *Bosque de encino, pino, Bosque Mesófilo de Montaña y parte de selvas.*

Zona 2. Cuenca baja del Guayalejo: esta zona se caracteriza por estar representada por zonas de *Lomeríos* y la *Planicie Costera del Golfo*, donde la vegetación característica va desde encinares, mezquital, pastizal cultivado, pastizal inducido y selvas bajas caducifolias.

Zona 3. Zonas de manglar y tular: este tipo de entornos ampliamente representados en la parte baja del sistema son de gran relevancia debido a que se encuentran en la parte más cercana a las actividades antropogénicas.

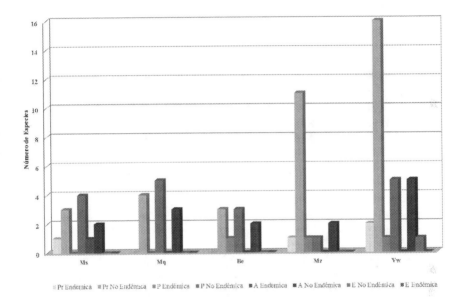

Gráfico 3.6 Número de especies de aves bajo estatus
por tipo de vegetación (MS, Mq, Be, Mz, Vw).
E: Probablemente extinta en el medio silvestre P: En peligro de
extinción A: Amenazada Pr: Sujeta a protección especial.
Fuente: Jiménez-Hernández, S. (2005).

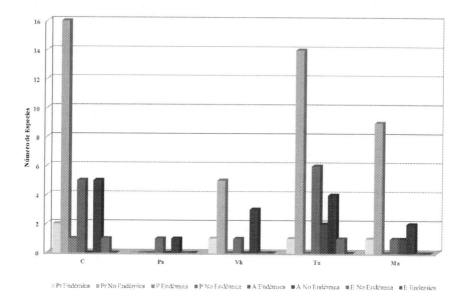

Gráfico 3.7 Número de especies de aves bajo estatus
por tipo de vegetación (C, Pa, Vh, Tu, Ma).
E: Probablemente extinta en el medio silvestre P: En peligro de
extinción A: Amenazada Pr: Sujeta a protección especial.
Fuente: Jiménez-Hernández, S. (2005).

A continuación, se describe el tipo de maztofauna característica
para cada zona de estudio.

Zona 1. Se encuentra representada por los mamíferos mayores del
estado, encontrándose *puma concolor, herpailurus jaguarundi,
felis onca, leopardos wiedii, ursus americanus* especies
catalogadas bajo algún estatus de protección especial en la
NOM-059-SEMARNAT-01. Cabe destacar que es en esta zona
donde se concentra la mayor captación de agua y se encuentra
ubicada en la parte de la sierra madre occidental, encontrándose
sitios protegidos como la RBEC nicho ecológico y sitio de interés
para la conservación de mamíferos del Estado.

Zona 2. La cuenca baja se encuentra representada en un 45% por zonas lagunares, manglares y tulares, por encontrarse directamente relacionada por obras antropogénicas la presencia de mamíferos mayores son escasos los reportes, predominando especies menores tales como *porcyon lotor, didelphys marsupiales, dasypus novemcinctus, sciurus aureogaster, sciurus deppei.* Cabe señalar que esta unidad ambiental es la más explotada en lo que es el estado, donde la Principal actividad es la agricultura por encontrarse en las márgenes de la cuenca o de los sistemas lagunares. Esta es una de las causas por las cuales la actividad de fauna dentro de ella se ve limitada solo en las partes mejor conservadas o zonas relicto. Uno de los efectos de esta actividad es la deforestación y empobrecimiento de la tierra dando lugar a especies de mamíferos como roedores en cultivos de granos como lo son maíz y sorgo este último mayormente representado dentro de este sistema.

Zona 3. Representada por todo el sistema lagunar con presencia de manglar en cuerpos de agua con intrusión salina, la maztofauna característica de estos sitios de acuerdo a que marcan las especies de mamíferos de interés comercial en la Cuenca Baja del Guayalejo son mapache (*porcyon lotor),* onza (*Herpaylurus jaguarundi*), armadillo (*dasypus novemcinctus*). La especie más ampliamente representada en este sistema y categorizada como una especie cosmopolita capaz de subsistir en cualquier condición que no sea silvestre, el mapache Porción lotor está ampliamente distribuida en todos los sistemas. Debido a las condiciones del sitio que es lagunar prácticamente no se tiene presencia de mamíferos mayores solo de manera ocasional al transitar por el sistema especies como venado *odocoileus virgineanus* que utiliza el sistema como corredor biológico para reubicarse en otro tipo de estrato arbustivo mejor conservado.

En el Estado de Tamaulipas el número mayor de especies en estatus son mamíferos mayores, los cuales se encuentran ubicados en las *serranías y bosques mesófilos de montaña, pinos, quercus* así como selvas bajas.

En el Gráfico 3.8 se puede observar que en el *Bosque de Pino-Encino* y el *Bosque de Mesófilo de Montaña* presenta el mayor número de especies bajo protección.

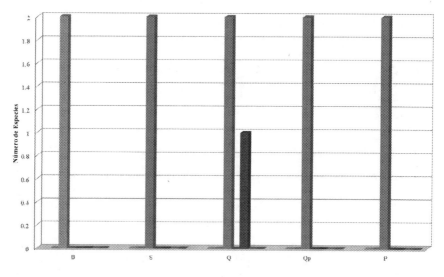

Gráfico 3.8 Número de especies de aves bajo estatus
por tipo de vegetación (B, S, Q, Qp, P).
E: Probablemente extinta en el medio silvestre P: En peligro de extinción A: Amenazada Pr: Sujeta a protección especial.
Fuente: Jiménez-Hernández, S. (2005).

En el Gráfico 3.9 se puede observar que el *Bosque de Pino-Encino* (*Pq*), *Bosque Mesófilo de Montaña (M)* así como en el *Bosque de Galería (Bg)* se encuentra la mayor concentración de mamíferos, cabe destacar que dichas especies son pertenecientes a zonas altas de la Reserva de la Biosfera "El Cielo".

En el Gráfico 3.10 se presenta el mayor número de especies bajo estatus en la *Selva Baja Caducifolia (Bc),* la amplia distribución de este tipo de entorno da lugar a una amplia biodiversidad de especies algunas de ellas bajo estatus de protección especial.

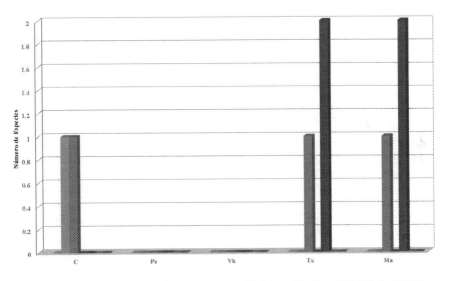

Gráfico 3.9 Número de especies de aves bajo estatus
por tipo de vegetación (Pq, M, J, Bg, Sm).
E: Probablemente extinta en el medio silvestre P: En peligro de extinción A: Amenazada Pr: Sujeta a protección especial.
Fuente: Jiménez-Hernández, S. (2005).

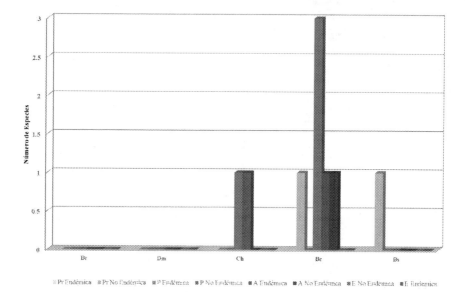

Gráfico 3.10 Número de especies de aves bajo estatus
por tipo de vegetación (Dr, Dm, Ch, Bc, Bs).
E: Probablemente extinta en el medio silvestre P: En peligro de
extinción A: Amenazada Pr: Sujeta a protección especial.
Fuente: Jiménez-Hernández, S. (2005).

En el Gráfico 3.11 representada por la *Selva Mediana Subperennifolia (Mq)* se observa una biodiversidad significativa de especies bajo algún estatus de protección debido a su interacción con los doceles de *Selva Baja* existente dentro del Área de Ordenamiento Ecológico y a la gran interacción de especies que existe en estos dos ecotonos.

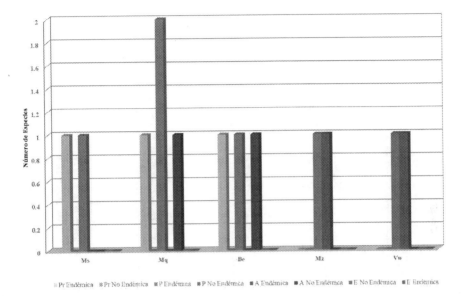

Gráfico 3.11 Número de especies de aves bajo estatus
por tipo de vegetación (Ms, Mq, Be, Mz, Vw).
E: Probablemente extinta en el medio silvestre P: En peligro de
extinción A: Amenazada Pr: Sujeta a protección especial.
Fuente: Jiménez-Hernández, S. (2005).

En el Gráfico 3.12 se presenta el mayor número de especies bajo estatus en el manglar y en el tular. La mayor diversidad de especies de mamíferos se encuentra en las zonas de la planicie del golfo, ampliamente representada por vegetación característica de pastizales, *Selva Baja Caducifolia*, así como zonas de manglares en la parte baja del Área de Ordenamiento Ecológico, de esta forma y tomando en cuenta la importancia de especies de mamíferos mayores, los cuales se ubican específicamente en los municipios de Gómez Farías, Ocampo y Jaumave.

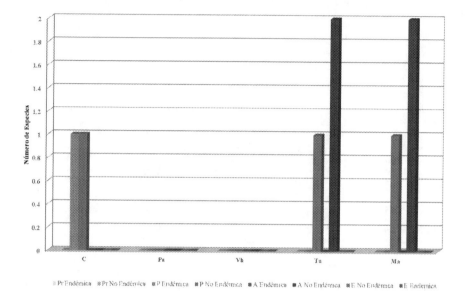

Gráfico 3.12 Número de especies de aves bajo estatus
por tipo de vegetación (C, Pa, Vh, Tu, Ma).
E: Probablemente extinta en el medio silvestre P: En peligro de
extinción A: Amenazada Pr: Sujeta a protección especial.
Fuente: Jiménez-Hernández, S. (2005).

Anfibios y reptiles

De acuerdo a la geografía de la CRGT y debido a los diferentes tipos de clima que se presentan en esta zona, se puede observar la diversificación por tipo de especies de anfibios y reptiles que van desde el clima árido, desértico, pasando por un clima tropical hasta un clima húmedo, mismo que se encuentra en la parte baja de la cuenca. Para la cuenca, se tienen registradas 258 especies de anfibios y reptiles.

Dentro de las especies *abronia faenita, bufo cristatus, eleutherodactylus dennisi, eleutherodactylus verruculatus, chiropterotriton chondrostega, chiropterotriton multidentatus, pseudoeurycea scandens, rana sierramadrensis,* las cuales son de gran interés biótico ya que son endémicas de la zona y se encuentran bajo estatus de protección de acuerdo a la NOM-059-SEMARNAT-2001.

Se tiene descritas algunas otras especies bajo estatus de protección pero no son endémicas de la zona tenemos *ambystoma tigrinum, bufo debilis, gastrophryne elegans, aastrophyne olivacea* todas estas representadas en los estratos de *Selva Baja Caducifolia* con cercanías a cuerpos de agua.

Sólo se tiene registrada una especie en peligro de extinción, no endémica de la zona, se trata de *notophthalmus meridionalis,* de la familia *salamandridae,* una salamandra manchada, que generalmente vive en charcas, pantanos, piscinas, cuando escasea el agua, busca la humedad debajo de las rocas, por lo general esta especie se ve favorecida en la zona por la presencia de cuerpos de agua cerrados (presas o estanques naturales).

Conflictos Ambientales

Un conflicto ambiental surge cuando el aprovechamiento de un recurso natural es llevado a cabo de manera inadecuada y/o es utilizado por diversos sectores sin ningún esquema que medie sus prioridades. En ejemplo de esto es el caso presentado por diversos autores. (Bojorqueztapia L.A., 1994), (Valle, 2015), (Jiménez-Hernández, 2004).

La problemática ambiental en la CRGT está asociada principalmente a las actividades antropogénicas y sectoriales que se llevan a cabo en su territorio y que de alguna manera generan un deterioro en los recursos naturales o/y procesos ecológico en la región.

A continuación, se describen los principales conflictos ambientales presentes identificados en la en la CRGT:

- Introducción de especies: De animales y plantas en diferentes habitats: como las plantas acuáticas *Eichhornia crassipes e Hydrilla verticillata* y la tilapia *Oreochromis mossambicus* que están ampliamente distribuidas en toda la zona y que no se tiene ningún control sobre ellas.

- Florecimientos: de organismos *zoo y fitoplanctonicos* como indicadores de una alteración en zonas naturales de alta importancia, encontrando plantas como la *Acrostichum sp.*, la cual está catalogada como una especie indicadora de alteración.

- Degradación de sistemas: como parte de la Reserva de la Biosfera "El Cielo".

- Desecación y sobreexplotación: en humedales, principalmente, ya que son fuente de abastecimiento de recursos alimenticios.

- Violación de vedas: de pesqueras principalmente y tallas mínimas.

- Extracción excesiva de agua: para uso en la actividad industrial, agropecuaria, pesquera, como en la acuicultura, y el abastecimiento urbano.

- Deforestación: Modificación del entorno por tala no planeada. y formación de canales y construcción de caminos.

- Contaminación: por agroquímicos, aguas residuales domésticas e industriales, descargas termales y salobres.

Erosión Hídrica

La combinación de factores como la lluvia, el escurrimiento, el tipo de suelo y la topografía definen el riesgo de erosión o erosión potencial que se puede presentar. La erosión hídrica es uno de los procesos de degradación más importantes que afectan la capacidad de las tierras en pendiente.

De acuerdo al modelo utilizado para la estimación de la erosión laminar hídrica, la mayor superficie del Área de Ordenamiento (1'483,680.186 ha), se ubica en erosión hídrica ligera, lo que significa susceptibilidad de pérdida de suelo menor de 10 tn/ha-año, en el 99.3% del total del área en estudio. En los municipios de Jaumave y Miquihuana no se tienen problemas de erosión hídrica, debido a los bajos niveles de precipitación en esta región (ver Tabla 3.4).

Erosión Eólica

El proceso de acción del viento sobre un suelo desprovisto de vegetación, que origina una desagregación y el transporte de las partículas del suelo, se denomina erosión eólica. Comparado con el agua, el viento resulta un agente erosivo menos intenso, pero en las regiones secas adquiere una importancia muy especial. Este fenómeno se analizó desde el punto de vista de la erodabilidad, es decir la susceptibilidad que presenta el suelo a la erosión por acción del viento y que está en relación directa con su textura, pendiente y cobertura vegetal.

Para la estimación de la erodabilidad se calculó como primer parámetro el Índice de Agresividad del Viento (IAVIE), mediante el mapa temático de los Períodos de Crecimiento (PECRE); posteriormente se determinaron las zonas de susceptibilidad a la erosión eólica.

Tabla 3.4 Clases de degradación, valor de la erosión laminar
hídrica y superficies de afectación por municipio.

No.	Clase de Erosión	Municipio	Superficie	
			(ha)	(%)
1	Sin Erosión	Jaumave	911.63	0.06
		Miquihuana	8,879.57	0.60
		Subtotal:	**9,791.20**	**0.66**
2	Ligera	Tampico	11,411.89	0.76
	Menor de 10 tn/ha·año	Guémez	6,913.03	0.46
		Casas	28,754.39	1.93
		Victoria	20,116.69	1.35
		Llera	201,986.93	13.53
		Jaumave	261,782.79	17.53
		Palmillas	42,574.74	2.85
		El Mante	162,981.70	10.91
		González	294,670.19	19.73
		Gómez Farías	70,831.51	4.74
		Antiguo Morelos	51,334.38	3.44
		Nuevo Morelos	171.41	0.01
		Ocampo	118,943.34	7.96
		Xicoténcatl	87,848.20	5.88
		Altamira	69,513.16	4.65
		Cd. Madero	3,571.85	0.24
		Bustamante	2,371.39	0.16
		Miquihuana	16,682.88	1.12
		Tula	31,219.71	2.09
		Subtotal:	**1,483,680.18**	**99.34**
		Total:	**1,493,471.38**	**100.00**

Fuente: CONABIO (1998).

En el Área de Ordenamiento Ecológico Regional de la CRGT, se tienen tres clases de este fenómeno (ver Tabla 3.5): la clase que corresponde a las zonas que no presentaron influencia de la erosión eólica, las cuales cubren el 4.12% (61,476.329 ha) del total del Área de Ordenamiento. La clase "erosión ligera", donde se pueden perder de 12 a 50 tn/ha-año, se localizó en la mayor parte de la zona, cubriendo un total de 1'430,641.38 ha que corresponden al 95.793% del total de la superficie en estudio (1'493,471.38 ha).

La clase "erosión moderada" corresponde a la susceptibilidad de pérdida de 50 a 100 tn/ha-año, esta se ubicó en 1,353.671 ha (0.091%), de los siguientes municipios: en Jaumave y Bustamante se presenta principalmente en suelos *litosoles* asociados a *rendzinas* y *regosoles calcáricos* de textura media; en *feozem lúvico* asociado a *chernozem calcáricos* de textura media y

Tabla 3.5 Clases de degradación, valor de la erosión laminar eólica y superficies de afectación por municipio.

No.	Clase de Erosión	Municipio	Superficie	
			(ha)	(%)
1	Sin Erosión	Tampico	11,411.90	0.76
		Llera	738.26	0.05
		Jaumave	225.47	0.02
		Palmillas	252.97	0.02
		El Mante	4,706.42	0.32
		González	12,934.51	0.87
		Gómez Farías	165.25	0.01
		Antiguo Morelos	401.83	0.03
		Ocampo	656.93	0.04
		Xicoténcatl	1,759.19	0.12
		Altamira	24,572.52	1.65
		Cd. Madero	3,571.85	0.24
		Tula	79.25	0.01
		Subtotal:	**61,476.35**	**4.14**

2	Ligera	Güémez	6,913.03	0.46
	Menor de 10 tn/ha-año	Casas	28,754.39	1.93
		Ciudad Victoria	20,116.69	1.34
		Llera	201,249.15	13.48
		Jaumave	261,721.74	17.52
		Palmillas	42,321.77	2.83
		El Mante	158,275.28	10.6
		González	281,735.68	18.86
		Gómez Farías	70,666.26	4.73
		Antiguo Morelos	50,932.55	3.41
		Nuevo Morelos	171.41	0.01
		Ocampo	118,286.42	7.92
		Xicoténcatl	86,089.02	5.76
		Altamira	44,940.65	3.01
		Bustamante	2.212.04	0.15
		Miquihuana	25,114.85	1.68
		Tula	31,140.46	2.09
		Subtotal:	**1,430,641.39**	**95.78**
3	Moderada	Jaumave	746.73	0.05
	12 a 50 tn/ha-año	Bustamante	159.34	0.01
		Miquihuana	447.60	0.03
		Subtotal:	**1,353.67**	**0.09**
		Total:	**1'493,471.38**	**100**

Fuente: Elaboración propia.

fase lítica; en *xerosoles calcáricos* de textura media, localizados en topoformas de sierra compleja. En estos mismos municipios se presenta erosión moderada en los valles de laderas tendidas de la Gran Sierra Plegada, pero sobre suelos de *rendzinas* asociados a *litosoles* de textura media y fase pedregosa. En las bajadas típicas se observa esta característica sobre *xerosoles háplicos* más *rendzina* y *litosoles* de textura media y fase *petrocálcica*, además en suelos *xerosoles háplicos* más *xerosoles calcáricos* y *litosoles* de textura media, ubicados en la *Gran Sierra Plegada*, (ver Tabla 3.5).

En el municipio de Bustamante se ubicaron pequeñas áreas con susceptibilidad moderada de erosión en topoformas de *Sierra Plegada* con bajadas sobre suelos *litosoles* asociados a *rendzinas* y *regosoles cálcáricos* de textura media.

3.4 COORDINACIÓN DE PROGRAMAS SECTORIALES: PROGRAMA HIDRÁULICO

El Programa Nacional Hidráulico 2014 – 2018 (PNH), (SEMARNAT, 2014), es un programa sectorial y sexenal del Plan Nacional de Desarrollo 2013-2018. En relación con el manejo integral de cuencas, el PNH establece un objetivo general para el aprovechamiento pleno de los recursos naturales dentro de un marco de sustentabilidad. Asimismo, indica que se toma en cuenta la relación del manejo del agua con el del suelo, pero no menciona el Programa Forestal y de Suelo ni la manera de coordinar esfuerzos con éste. Tampoco hace referencia a los criterios ni procedimientos de la Ley General del Equilibrio Ecológico y la Protección al Ambiente (LGEEPA).

El PNH se sustenta en elementos estratégicos y críticos que le dan soporte, forma y razón de ser, en respuesta a las necesidades hídricas actuales y las que se anticipan tanto para la presente Administración Pública Federal (APF) como para aquellos desafíos que probablemente se presentarán en las siguientes tres o cuatro décadas, en consonancia con o como producto de los procesos de crecimiento y desarrollo nacional, así como por los efectos de la interacción cada vez más intensa de México en el concierto de naciones del orbe dentro de los procesos de globalización.

El PNH contiene un marco de referencia socioeconómico, legal e institucional; un panorama general que presenta un diagnóstico sobre regionalización, disponibilidad del agua y usos de la misma; y, varios subprogramas con sus propios objetivos, componentes, prioridades y metas, estrategias y líneas de acción. De esos programas, el Programa Hidroagrícola establece como una de sus estrategias la inducción del uso eficiente de agroquímicos y el propiciamiento del uso de técnicas que contemplen el manejo adecuado del suelo y la utilización de subproductos orgánicos. El Programa Hidroagrícola contiene un Programa de Uso Eficiente del Agua, que, de manera implícita induce a la prevención de la erosión del suelo a través de la nivelación de tierras y mejores métodos de riego.

El enfoque multisectorial del PNH y el manejo de Consejos de Cuenca es un avance en la administración del agua en cuencas y a la atención de la seguridad hídrica, el derecho humano al agua y saneamiento básico y el apoyo objetivo y bien sustentado a la población en el mejoramiento integral de la gestión del agua. Incluyendo la prestación de los servicios de agua en los asentamientos humanos y en el campo, con base en el desarrollo de su capacidad de trabajo por sectores, por cuencas y en su capacidad de articular en forma amplia y productiva las relaciones con entidades federativas y a través de estos, con los municipios, con apoyo en una transversalidad institucional que debe madurar y perdurar.

Criterios e índices para la Gestión Integral Hídrica Erosión Hídrica

- **Criterio 1.** Fortalecer la gestión integrada y sustentable del agua

   Indicador 1.1. Índice Global de Sustentabilidad Hídrica (IGSH)

Este índice mide la forma en que se realiza la gestión de los recursos hídricos para lograr la sustentabilidad en las cuencas y acuíferos del país y garantizar la seguridad hídrica. Toma en cuenta la cantidad de agua que se dispone y la que se consume por los diferentes tipos de usuarios, la calidad del agua y la administración de los recursos hídricos.

- **Criterios 2. Incrementar la seguridad hídrica ante sequías e inundaciones**

Indicador 2.1. Decretos de reserva de agua para uso ambiental formulados

Para este indicador no se cuenta con línea base ya que es de nueva creación. En cuanto a la meta 2018 de contar con 189 cuencas con Decreto publicado al año 2018, fue definida mediante la elaboración del estudio "Identificación de Reservas Potenciales de Agua para el Medio Ambiente en México".

Indicador 2.2. Población y superficie productiva protegida ante inundaciones

El establecimiento de este indicador tiene como objetivo disminuir las condiciones de riesgo y vulnerabilidad a que está sujeta la población, sus actividades económicas y los ecosistemas ante la ocurrencia de fenómenos hidrometeorológicos extremos y los posibles efectos del cambio climático, para contribuir así al desarrollo sustentable del país.

Indicador 2.3. Programas de manejo de sequías elaborados y aprobados por Consejos de Cuenca

Programas de medidas para prevenir y enfrentar la sequía a nivel cuenca o grupos de cuenca.

- **Criterio 3.** **Fortalecer el abastecimiento de agua y el acceso a los servicios de agua potable, alcantarillado y saneamiento**

  Indicador 3.1. Índice Global de Acceso a los Servicios Básicos de Agua (IGASA)

  Este índice muestra la evolución del acceso de la población de la cuenca a los servicios de agua potable y saneamiento, resultado de las acciones que la federación, las entidades federativas y los municipios realizan en la materia. Se considera que el acceso a los servicios básicos de agua fortalece el desarrollo de capacidades en los hogares para contribuir a mejorar su calidad de vida. Con ello se hace efectivo el ejercicio de los derechos sociales de todos los mexicanos al tener acceso a este servicio.

- **Criterio 4. Incrementar las capacidades técnicas, científicas y tecnológicas del sector**

  Indicador 4.1. Influencia del desarrollo tecnológico del sector hídrico en la toma de decisiones

- **Criterio 5. Asegurar el agua para el riego agrícola, energía, industria, turismo y otras actividades económicas y financieras de manera sustentable**

  Indicador 5.1. Productividad del agua en distritos de riego (kg/m^3)

  Mediante este indicador se medirá la evolución en el mejoramiento de la productividad del agua en los distritos de riego. El avance se expresará en kg/m^3 de agua aplicado. Con estas acciones, se mejorará la eficiencia en el manejo del agua.

La línea base para este indicador es de 1.62 kg/m^3 establecida para el año 2012. (Meta 2018 es de 1.87 kg/m^3 del PNH).

- **Criterio 6. Vinculación con acuerdos internacionales sobre el manejo y conservación de recursos hídricos.**

  Indicador 6.1. Proyectos de cooperación internacional gestionados y atendidos.

3.5 RECOMENDACIONES PARA LA GESTIÓN DEL ORDENAMIENTO

Es indispensable que el manejo de la cuenca garantice el mantenimiento de los Servicios Ambientales que esta da y son fundamentales para el desarrollo sustentable de la región y sobre todo de las actividades que sostiene a la costa sur del estado de Tamaulipas

Se entiende por servicios ambientales, como al conjunto de condiciones, características y procesos normales que la humanidad puede utilizar, de toda la naturaleza que existe en el planeta, determinada por su particular origen y entorno socioeconómico. En este sentido podemos enumerar a la biodiversidad, la cual incluye a su vez al germoplasma de especies y genes, con un uso potencial para el beneficio del ser humano, la estabilidad climática, (que se atribuye principalmente a los ciclos básicos del agua, carbono y nutrientes), la conservación del suelo, provenientes de los recursos forestales, agua, humedales, cuencas hidrológicas, así como a la fauna y flora y la correlación intrínseca de ellos.

Existen varias maneras de clasificar los beneficios que nos brindan los ecosistemas naturales, que directa o indirectamente involucra al bienestar de la humanidad y si éste consume o no directamente un recurso. Generalmente podemos tener cuatro categorías en su valor: de uso directo, los de uso indirecto, los de opción y los de no uso.

Los servicios ambientales que proveen los ecosistemas, también se pueden clasificar a su vez en tres grandes categoría:

- Servicios derivados de la provisión de bienes: como alimentos, medicinas, fibras, leña, semillas.

- Servicios que se encuentran involucrados a la regulación del medio ambiente, tales como la provisión del agua, calidad del aire y erosión del suelo, conservación de plantas y animales, banco genético, y como soporte esencial de riesgos naturales.

- Servicios relacionados con la valoración por razones culturales y religiosas de importancia para la recreación.

Se tienen diferentes tipos de ecosistemas, los cuales involucran principalmente y en un contexto general a las cuencas hidrológicas, acuático marino, forestales, recurso agua, flora y fauna, humedales, lagunas costeras, entre otros.

Los servicios ambientales de las cuencas hidrológicas incluyen a la regulación del ciclo hidrológico del agua, el mantenimiento del caudal durante la temporada de secas, control contra las inundaciones; conservación de la calidad del agua reduciendo al mínimo la carga de sedimentos, carga de nutrientes y sustancias químicas y de salinidad así como los ciclos biogeoquímicos. El control de la erosión del suelo, regulación de los niveles freáticos, y el mantenimiento de hábitat acuáticos; descarga del agua como escurrimiento, interacciones de diversidad entre las características físicas y químicas en sitios y rutas a los largo de caudales, el cual provee a su vez los hábitat para la flora y la fauna que constituyen a los factores biológicos del ecosistema, almacenamiento del agua en diferentes formas y tiempos en sus variadas fuentes de precipitación como manantiales, ríos, arroyos y lagos. Estos constituyen sumideros de CO_2, alberga bancos de germoplasma, conserva la biodiversidad de especies y tipos de suelo, suministra recursos naturales para el desarrollo de actividades que dan sustento a la población. Integra procesos y patrones en los ecosistemas, generados por variaciones de geomorfología y clima en un gradiente altitudinal.

La cuenca constituye una unidad espacial ecogeográfica relevante para procesos ambientales, generados como consecuencia de las decisiones en el uso y manejo de los recursos agua, suelo y vegetación.

Hoy en día, el uso de estos recursos naturales se encuentra también en la clasificación, de acuerdo a un valor económico que se le pretende dar a cada recurso que vaya a ser o es explotado, y que genera una ganancia económica directa o indirecta, a corto, mediano y largo plazo. Así, la de "venta de servicios ambientales", se está convirtiendo en el concepto para justificar el comercio y privatización de los servicios y recursos básicos en muchos países del mundo, de esta manera, el pago por servicios ambientales surge del conocimiento y conciencia que hay del beneficio y servicios, que todos los ecosistemas proveen a la humanidad y, al vernos enfrentados a su sobreexplotación y posible desaparición se ha convertido en buscar y crear mecanismos para su conservación y continuidad.

El Pago por Servicio Ambiental (PSA) ocurre como una transacción, mediante el cual, los poseedores son retribuidos por los usuarios de los servicios ambientales. Esto puede ser directamente como un mercado donde los usuarios aportan explícitamente a la conservación y mejoramiento mediante formas a veces indirectas, las cuales pueden ser normalmente mediadas por el Estado a través de subsidios. El pago de servicios ambientales se puede dividir en cuatro categorías: servicios hidrológicos, captura de carbono, conservación de la biodiversidad y belleza escénica. En México, existen ecosistemas altamente valorados por los servicios ambientales que de ellos se obtienen.

Hay que tomar en cuenta la importancia de no convertir en un mecanismo único comercial a los ecosistemas, sino que hay que considerar la integración de lo natural con de lo que se puede manejar del ecosistema en sí, donde se valore el conocimiento étnico y donde el pago sea un complemento a una estrategia de desarrollo integral sustentable de los recursos existentes.

BIBLIOGRAFÍA

Bojorqueztapia L. A., O. E. (1994). Multivariate Approach For Suitability Assessment and Environmental Conflict-Resolution. *Journal of Environmental Management, V. 41 No. 3*, 187-198.

Carvajal-Villarreal, S. C. (2012). Spatial patterns of the margay at "El cielo" Biosohere Reserve. *Mammalia, V. 76, No. 3, ISSN 0025-1461*, 237-244.

CONABIO. (1998). *La diversidad biológica de México.* México: Conabio.

Flores, O. y. (1988). *Conservación en México: Síntesis sobre Vertebrados Terrestres, Vegetación y Uso del Suelo.* México: INIREB.

Gram, W. K. (1997). The distribution of neotropical migrant birds wintering in the El Cielo biosphere reserve. *Condor, v.99, No. 3, ISSN 0010-5422*, 658-670.

Grill, G. e. (2014). Development of new indicators to evaluate river fragmentation and flow regulation at large scales: A case study foe the Mekong River Basin. *Ecological Indicators, V. 45, ISSN 1470-160X*, 148-159.

Jiménez-Hernández, S. (2004). Problemas compartidos México-Estados Unidos: Cuenca hidrológica del Río Bravo/Río Grande. *El Manejo Costero En México, V. 1, ISBN 96857221129*, 654.

Jiménez-Hernández, S. (2005). *Programa de Ordenamiento Ecológico Regional de la Cuenca del Río Guayalejo-Tamesí.* Tampico, Tamaulipas, México.

Lof, L. (1980). *The ferns of the Rancho del Cielo Region.* U.S.A.: Pan American University.

Mittermeier, R. A. (1988). Primate diversity and the tropical forest: case studies from Brazil and Madagascar and the importance of megadiversity countries. En E. W. Peters, *Biodiversity* (págs. 145-154). USA: National Academy Press.

Mittermeier, R. G. (1992). *La importancia de la diversidad biológica de México.* México: Conabio.

Neyra, G. D. (1998). La diversidad biológica de México: Estudio de pais. En N. G. Peña-Jiménez A., *La diversidad biológica de México: Estudio de pais* (págs. 61-102). México: Conabio.

Puig, H. (1976). *Vegetación de la Huasteca.* México: Mexique, Mission Archéologique et etnologique Francaise au Mexique.

Rzedowksi, J. (1978). La vegetación de México. En J. Rzedowksi, *La vegetación de México* (págs. 315-326). México: Limusa.

Sánchez Salazar, M. B. (2013). *La política de ordenamiento territorial en México: de la teoría a la práctica.* México: UNAM.

SEMARNAT. (2006). *Manuela del Proceso de Ordenamiento Ecológico.* México: Semarnat.

SEMARNAT. (2014). *Programa Nacional Hídrico 2014-2018.* México, D.F.: Comisión Nacional del Agua.

Steinberg, M. T. (2014). The Cielo Biosphere Reserve: Forest Cover Changes and Conservation Attitudes in an Important Neotropical Region. *Professional Geographer, V. 66 No. 3*, 430-411.

Toledo, V. (1988). *La diversidad biológica de México.* México.

Valle, R. F. (2015). Impacts of land use conflicts on riverine ecosystems. *Land Use policy, v. 43 ISSN 0264-8377*, 48-62.

Capítulo 4

Disponibilidad del Recurso Hídrico Superficial

Vargas-Castilleja, Rocío[1]; Rolón-Aguilar, Julio[2];
Treviño-Trujillo, Juana[3] y Ruiz-Del Ángel, Edgar[4]

[1] Profesor Tiempo Completo de la Facultad de Ingeniería "Arturo Narro Siller" de la Universidad Autónoma de Tamaulipas y Miembro Integrante del Cuerpo Académico UAT-CA-29.
E-mail: rocvargas@docentes.uat.edu.mx
[2,3] Profesor Tiempo Completo de la Facultad de Ingeniería "Arturo Narro Siller" de la Universidad Autónoma de Tamaulipas y Miembro Integrante del Cuerpo Académico UAT-CA-29.
E-mail: jrolon@docentes.uat.edu.mx; jmtrevino@docentes.uat.edu.mx
[4] Miembro Colaborador de Ingenieros Sin Fronteras México, A.C.
E-mail: edgar.ruiz@isf-mexico.org

RESUMEN

La disponibilidad del agua superficial que se relaciona con la oferta y demanda a nivel de cuenca hidrográfica es la base fundamental para asignar o concesionar el agua, y por tal motivo, es necesario el análisis crítico y puntual de la disposición del recurso para la reestructuración de los planes y programas en materia de agua. En el presente estudio se analizaron los tramos referidos en el Diario Oficial de la Federación (DOF) que conforman la Cuenca del Río Guayalejo-Tamesí (CRGT) bajo una escala temporal mensual de todos los volúmenes de agua que intervienen en el balance hídrico, tales como los volúmenes de agua comprometidos aguas abajo, los volúmenes para los diversos usos de agua propios de cada tramo (incluidos en el Registro Público de Derechos de Agua de la cuenca), y los caudales ecológicos correspondientes a cada tramo de la CRGT. Este estudio comprendió la aplicación de la metodología de la NOM-011-CONAGUA-2015 para la determinación de la disponibilidad del recurso hídrico. Los resultados de este análisis son elementos de suma importancia para establecer criterios de juicio sólidos en el diseño de estrategias encaminadas a la preservación de la disponibilidad del agua superficial, dado que se pueden presentar situaciones hidrometeorológicas adversas. El desarrollo del análisis contribuye al mejoramiento de la norma antes mencionada para determinar la disponibilidad del agua efectivamente. En particular, la cuenca del CRGT padece periodos de escasez de agua en los meses de estiaje con déficits en 9 de los 12 de sus tramos.

Palabras clave: *Balance Hídrico, Disponibilidad de Agua Superficial, usos del agua.*

4.1 INTRODUCCIÓN

Los recursos naturales dependen de las condiciones climáticas lo que conlleva a una variación continua, ejemplificando, la lluvia es una variable que impacta fuertemente en la disposición del recurso agua, así como, el comportamiento y condiciones del suelo y cubierta vegetal con las que cuenta una cuenca hidrográfica. Actualmente, se han presentado conflictos por el agua en diferentes regiones de México que repercuten en consecuencias graves para el desarrollo social y económico de amplias regiones del país, así como impactos severos al medio ambiente, sobre todo en las zonas semi-áridas y áridas. En algunos territorios los problemas por el agua tienen décadas presentándose, como es el caso del Sistema Cutzamala para llevar agua del Estado de México al Distrito Federal, o en diferentes puntos de la cuenca del río Lerma-Santiago, sin embargo, estos conflictos se han mantenido bajo control, pero esto no asegura que se mantengan de esa manera todo el tiempo.

Se considera que el 52.7% del balance hídrico en México es negativo por las grandes áreas desérticas como Baja California, el noreste del país y cuencas internas donde las sequías son eventualidades comunes. Por otro lado, el porcentaje restante se conforma de zonas húmedas o semi-húmedas como Tabasco, las costas de Oaxaca, Nayarit y Chiapas, en donde las inundaciones se hacen presentes con frecuencia. Lo anterior refiere el desequilibrio en relación a la disponibilidad de agua en México (CONAGUA, 2011 citado en Alcocer, 2015).

La lluvia es la principal fuente de abastecimiento del agua, y de igual manera existe una disparidad en la presencia de esta, su temporalidad se presenta en casi un 90% entre los meses de mayo y octubre, mientras el porcentaje restante en la temporada fría. Otra cuestión de suma importancia, en la que depende la disponibilidad natural del agua, es el proceso de evapotranspiración, ya que el 70% de la lluvia se evapora mientras el restante escurre de manera natural aguas abajo, bajo las diversas condiciones que se presentan durante su travesía, que incluyen su infiltración, servicios ambientales, las extracciones para los diversos usos del agua, entre otras que forman parte de toda una estructura o red de drenaje en la cuenca hidrográfica. Considerando lo anterior, se observa en el Gráfico 4.1 tomado de las Estadísticas del Agua en México (CONAGUA, 2014) y proporcionada por la Coordinación General del Servicio Meteorológico Nacional, la variación pluvial anual en México en la reciente década transcurrida.

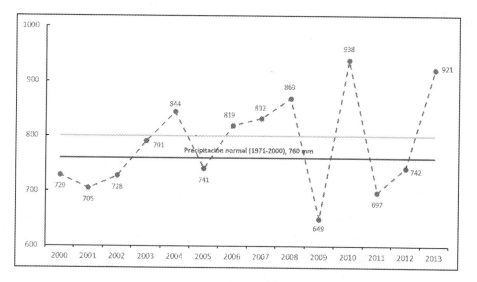

Gráfico 4.1 Comportamiento de la precipitación
pluvial anual 2000-2013 en México.
Fuente: CONAGUA, 2014.

La Organización de las Naciones Unidades (ONU) menciona claramente la necesidad de una revolución cultural del agua, bajo el reconocimiento de que es un recurso finito, debido a que es evidente que la crisis del agua tiende a agravarse como consecuencia de los efectos del cambio climático, y con ello la conflictividad de la sociedad, por lo que es emerge el análisis concienzudo del agua en cuanto a su disposición, con base en el comportamiento de los cambios que se están presentando en los ciclos hidrológicos de cada una de las regiones en México, específicamente en las cuencas hidrográficas, dando prioridad a las que mayor vulnerabilidad presentan y por ende representan un escenario de riesgo latente tanto en el presenten como en un futuro cercano.

Por otro lado, existen estudios que muestran claramente los conflictos que se generan por la escases del agua en América del Sur, específicamente en Perú, por ejemplo, el 75% de los conflictos se desarrollan en zonas rurales donde el desarrollo humano es muy bajo, cuyos lugares de residencia son la sierra, la costa o la selva. Son pocos los acuerdos a los que se logra llegar de los diálogos que se inician, los consejos de cuenca son pieza clave para la gestión de las problemáticas generadas por la disposición, conducción, repartición, calidad del agua, y por los diversos usos que el recurso hídrico tiene (Defensoría del Pueblo, 2015).

Los estudios actuales del agua son de suma importancia cuando se analizan desde un enfoque de cuenca y se dirigen hacia una gestión integral que comprende todos los usos de agua, el medio ambiente y las problemáticas entre los usuarios, el balance oferta-demanda y el diseño de estrategias de control y conservación de los recursos hídricos (Cotler, 2004).

El problema de hoy y que se agudizará en el futuro con base en las proyecciones hechas por diversas dependencias gubernamentales y grupos de investigación, es la vulnerabilidad ante eventos hidrometeorológicos extremos que se traducen en una mayor inestabilidad en el balance hídrico en las cuencas para satisfacer las necesidades ambientales, sociales y económicas, y con ello se deberán diseñar estrategias de mitigación y adaptación para el abastecimiento suficiente de agua. El Plan Hídrico Regional (SEMARNAT, 2012), con visión 2030 debido a que está basado en el enfoque de la Agenda del Agua 2030, se plasma claramente la brecha actual y futura (ver Figura 4.1) que se incrementa en relación a la disponibilidad del volumen de escurrimiento propio de agua y los principales usos de esta, específicamente para el Organismo de Cuenca IX Golfo-Norte, el cual corresponde a la región de la CRGT, siendo estos ríos unos de los principales afluentes superficiales de la RHA IX Golfo-Norte, en México.

Los esfuerzos para optimizar el uso del agua en la agricultura para riego, el aumento de la cobertura, el tratamiento de las aguas residuales, la consolidación de los consejos de cuencas entre otras actividades sobre las cuales se trabaja continuamente por parte de las tres órdenes de gobierno, no serán suficientes cuando la disposición natural del recurso es alterada, esto refiere a que los efectos del cambio climático son dominantes a partir sobre todo de las últimas décadas, y han puesto entre dicho los esfuerzos realizados hasta el momento para lograr un equilibrio hidráulico del agua en las cuencas hidrográficas de México.

El país cuenta con una gran variedad de regiones hidrológicas, con diversidad de recursos naturales, climas y población, factores importantes para la determinación y toma de decisiones en la designación de las dotaciones de agua otorgadas a los usuarios ya sea del sector primario, secundario o terciario.

El balance de la oferta y demanda del agua debe tener un especial interés considerando el comportamiento de la disposición del recurso en el ciclo agrícola y los posibles impactos por eventos hidrometeorológicos.

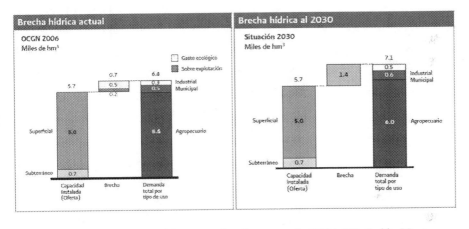

Figura 4.1 Brecha Hídrica actual y futura en la RHA IX Golfo-Norte.
Fuente: SEMARNAT, 2012.

Con base en el Programa Hídrico Regional con una visión al 2030 (SEMARNAT, 2012), se menciona que son 8 las grandes problemáticas que deberán atenderse a la brevedad y con especial cuidado, tanto por autoridades como por usuarios finales, bajo una estrecha comunicación, difusión, apoyo, financiamiento, capacitación y sobretodo concientización, estas se mencionan a continuación:

- Disponibilidad limitada del agua y la escasez de ésta.

- Baja productividad del agua y rentabilidad de algunas actividades económicas.

- Agotamiento y contaminación de los ecosistemas.

- Contaminación del agua en cauces, acuíferos y playas.

- Marginación social.

- Deficiencia en la prestación de servicios.

- Riesgos ambientales, como el cambio climático que traen consigo la necesidad emergente de planes y programas actualizados a las condiciones que se están presentado.

- Gobernabilidad ineficaz del agua, lo que dificulta una gestión integral de los recursos hídricos.

Al poner en marcha las acciones concretas que atiendan las problemáticas antes descritas, se cumplirá con los objetivos que la Agenda 2030 promueve, en donde se busca la sustentabilidad del país en materia de agua, con cuencas y acuíferos en equilibrio, ríos limpios, cobertura universal de agua potable y alcantarillado, y asentamientos seguros frente a inundaciones.

Es importante hacer mención que unas de las soluciones en cuanto al balance hídrico relacionado a la demanda, está en un 65% aproximadamente en gestionar el agua, a través de mejorar su uso, reducir fugas, tecnologías eficientes y reúso del recurso, el 35% restante se relaciona a las medidas que se apliquen en la infraestructura.

Es clara la problemática a nivel nacional, en relación a la disminución del recurso en los ríos, la falta de regulación conforme un análisis más puntual de la disponibilidad del agua, es decir, considerando la demanda de aguas arriba, el agua comprometida aguas abajo, incluso las aguas subterráneas como las recargas mensuales, análisis que hasta ahora no se ha llevado a cabo para el presente trabajo, pero que será considerado en breve para un claro inventario del recurso en ambos niveles, tanto superficial como subterráneo. Las concesiones y asignaciones y permisos de descargas, no son evaluados considerando la entera satisfacción prioritaria de los servicios ambientales, es decir del caudal ecológico, de tal manera y con base en la norma NMX-AA-159-SCFI-2012 (DOF, 20sep2012), la naturaleza es el usuario prioritario del agua, seguido de los usos agrícolas, doméstico e industrial, entre otros.

Aunque el agua es un bien de dominio público federal, como lo marca la Ley de Aguas Nacionales (LAN) y la planificación hídrica comprendida por los programas nacionales y regionales son de carácter obligatorio (CONAGUA, 2004), el factor climático requiere de un especial análisis para lograr la efectividad de los anteriores documentos marcados por la ley. Por otro lado, la ley Federal de Derechos de Agua (CONAGUA, 2013) marca los pagos que deben hacerse por el uso, aprovechamiento o explotación del recurso con base en la zona de disponibilidad en donde se efectúa la extracción, sin embargo estas clasificaciones se estiman de manera anual, considerando volúmenes de escurrimiento natural, de aguas arriba, retornos, importaciones, extracciones superficiales, de aguas comprometidas en la parte baja de la cuenca, de exportaciones, evaporación y almacenamiento de embalses, todo bajo una línea temporal anual, lo que podría no ser evidente la variación natural de la relación lluvia-escurrimiento durante los meses del año.

Es importante establecer un concepto claro de la disponibilidad del agua. La LAN establece que la disponibilidad media anual superficial en una cuenca hidrológica es el valor que resulta de la diferencia entre el volumen medio anual de escurrimiento de una cuenca hacia aguas abajo y el volumen anual actual comprometido aguas abajo, por lo tanto, la disponibilidad media natural, es la cantidad de agua dulce renovable por año, considerando las exportaciones e importancias de agua, así como las recargas (DOF, 23jul2014; CONAGUA, 2014).

Otra definición que se deriva de las anteriores es la disponibilidad media per cápita entendida como la cantidad de agua por habitantes, es decir, la disponibilidad media anual entre el número de habitantes, siendo así la disponibilidad de agua para el 2010 en México de 4,090 m^3/hab/año (CONAGUA, 2012a), sin embargo, el crecimiento de la población principalmente traerá como consecuencia una disminución en la disponibilidad de 3,815 m^3/hab/año para el año 2030, según lo indica la (CONAGUA, 2012b). Si lo anterior se compara con la disponibilidad media per cápita de países como Canadá con 87,255 m^3/hab/año o Islandia con 539,683 m^3/hab/año, se puede observar la diferencia tan representativa, sin embargo, en países como Sudáfrica la disponibilidad oscila en 1,000 m^3/hab/año, lo que indica una escasez del agua grave.

Aunque los recursos hídricos son renovables, debido a la constante actividad del ciclo hidrológico, las alteraciones que en las últimas décadas han presentado, ponen en riesgo la disposición del recurso para el sostenimiento del desarrollo económico, social y ambiental. La labor prioritaria debe ser la asignación de los recursos hídricos de manera más equitativa, con base en una disponibilidad de agua escasa que frena el desarrollo de una región. La renovación del agua está siendo rebasada por las extracciones y los servicios ambientales, así como las actividades productivas están siendo afectadas por el deficiente manejo de los recursos hídricos.

4.2 DESCRIPCIÓN DEL PROBLEMA

Es de suma importancia tener el conocimiento certero de los recursos naturales con los que se cuenta, así como su dinámica durante el año bajo diversos escenarios de usos e interacciones para el desarrollo de las diversas actividades económicas que se gestan dentro la cuenca hidrográfica, espacio donde se llevan a cabo procesos geoecológicos a través del tiempo.

La gestión del agua y de los recursos naturales deben estar basadas en análisis a nivel cuenca, lo que traerá consigo decisiones estratégicas que permitan establecer un balance de los recursos, así como generar acciones concretas y prioritarias que coadyuvan a la mitigación de la variabilidad del clima, o bien a los efectos del cambio climático, que sin lugar a duda descontrolan los procesos hidrológicos y por ende la satisfacción de la demanda en las cuencas hidrográficas.

El objetivo que se planea es la estructuración de un esquema claro y sencillo donde se muestre el inventario mensual de los escurrimientos superficiales que se presentan en la CRGT, tomando como base hidrométrica histórica 30 años de registro para el periodo 1981-2010, debido a que representa una línea base que evidencia el comportamiento más reciente del clima reconocido por la Organización Meteorológica Mundial (WMO, por sus siglas en inglés) en su boletín No. 997, mientras que el Panel Intergubernamental del Cambio Climático (IPCC, por sus siglas en inglés) señala que el periodo de 1983 al 2012 es probablemente el periodo más caliente desde hace más de mil años atrás en el Hemisferio Norte, por lo que las últimas décadas más recientes han sido más calientes que previamente a 1850 (IPCC, 2014). Con base en lo anterior, se ha mostrado una mejor aproximación de los pronósticos y climas extremos si las normales climatológicas son consideradas en los últimos 30 años más recientes.

La información hidrométrica representada por los gastos mensuales de las 8 estaciones hidrométricas que se ubican a lo largo de la CRGT, han sido extraídos del Banco Nacional de Datos de Aguas Superficiales (BANDAS) de la Comisión Nacional de Agua (CONAGUA), Gerencia de Aguas Superficiales e Ingenierías de Ríos (GASIR), el cual integra la red hidrométrica nacional registrando escalas y aforos de los principales ríos en México. Los registros para el caso de la CRGT fueron descargados directamente de la web y sin generación sintética de datos faltantes, debido a que la hidrometría para ese periodo resulta representativa para llevar a cabo el balance hidráulico de la cuenca.

La metodología que se aplica considera los planteamientos de la NOM-011-CONAGUA-2015 (DOF, 27mar2015), sin embargo, el análisis mensual para la consideración de la distribución de los escurrimientos en la CRGT durante los meses de estiaje y avenidas, son el punto clave para determinar la disponibilidad de los recursos hídricos en la cuenca, de tal manera, se logra una comparativa anual que evite permear lo que sucede durante los meses transcurridos en el periodo de análisis. Se han generado actualizaciones de la norma, sin embargo, se continúa determinando la disponibilidad de agua mediante una escala anual de tiempo.

Los volúmenes requeridos para el balance hídrico han sido tomas del Diario Oficial de la Federación (DOF, 7jul2016). Cabe destacar, que en México se contabilizan 757 cuencas hidrológicas con estudios de disponibilidad considerados como lo marca la NOM-011-CONAGUA-2015, es decir, bajo un análisis de volúmenes anuales para cada tramo que conforma la cuenca de estudio.

4.3 METODOLOGÍA

En esta sección se desarrolla con todo detalle el modelo matemático de balance hidráulico mensual para cada uno de los tramos incorporados en el último estudio de disponibilidad de agua realizado por la CONAGUA y publicado en el Diario Oficial de la Federación de México (DOF, 7jul2016). En el modelo matemático de balance hidráulico se analiza el escenario que considera los caudales medios mensuales registrados en los diferentes tramos de la cuenca, y se incorporan los nuevos criterios establecidos en la norma NMX-AA-159-SCFI-2012, que establece los procedimientos para estimar los caudales ecológicos bajo diversas metodologías (DOF, 20sep2012) que para el caso de la CRGT se ha aplicado el método que recomienda la misma Norma en el Apéndice Normativo C, considerando el promedio de cada uno de los meses a partir de los gastos medios determinándose así el año medio. El proceso analítico se llevó a cabo mediante el desarrollo de diferentes tablas que permitirán obtener resultados numéricos para cada mes del año y con ello contrastar estos resultados con los publicados en el Diario Oficial (DOF, 7jul2016).

Para determinar la disponibilidad del agua se consideraron los volúmenes de entrada mensuales que corresponden a los volúmenes medios mensuales aguas arriba, volúmenes medios mensuales de escurrimiento por cuenca propia, volúmenes medios mensuales por flujos de retorno, así como los almacenamientos en presas, y el volumen medio mensual de pérdidas por evaporación en el cauce principal y en las presas existentes. En la CRGT únicamente en dos tramos ha sido considerando el análisis de las pérdidas por evaporación en cuerpos de agua, en el tramo del Río Guayalejo 3 que ubica a la

Presa Ramiro Caballero Dorantes "Las Animas" y en el tramo del río Tamesí en donde se localiza el Sistema Lagunario del Río Tamesí (SLRT).

En la parte de las demandas se tomaron en consideración los volúmenes mensuales de agua para los usos público urbano, agrícola y el volumen neto que conducen los tres Distritos de Riego de la CRGT, los cuales son: el DDR002 Mante, DDR029 Xicoténcatl que incluye el Módulo 1 y 2 y el DDR092 Ánimas que se conforma de 7 módulos divididos en margen izquierda y derecha.

Los volúmenes netos reflejan el agua que verdaderamente llega a la parcela o usuario final, considerando que la eficiencia del sistema de conducción de la CRGT se aproxima entre un 58% y un 65%, con base en información que la Comisión Estatal de Agua en el estado de Tamaulipas ha recaudado en los últimos años. De igual manera, se consideraron el uso para la generación eléctrica, excluyendo la hidroeléctrica, el volumen para el abastecimiento industrial, el volumen de agua comprometida aguas abajo del DOF, así como el caudal ecológico (DOF, 7jul2016; DOF, 20sep2012).

Con base en los datos anteriores se logró determinar la disponibilidad del recurso mensual y por consiguiente el déficit mensual de agua representando ambos indicadores gráficamente como la oferta-demanda mensual del agua superficial por tramo con base en el DOF y la disponibilidad mensual del agua por tramo, los cuales forman parte de la CRGT y que abarcan del 47 al 58 dentro de la Subregión Hidrológica Río Pánuco de la Región Hidrológica número 26 Pánuco y que corresponde al Organismo de Cuenca Golfo-Norte IX.

4.4 RESULTADOS

Para una mejor comprensión y visualización del comportamiento del agua superficial en la CRGT se muestran los gráficos que evidencian la distribución de la oferta-demanda, así como el volumen de disponibilidad de agua mensual en los 12 tramos a lo largo de la cuenca (ver Tabla 4.1), para realizar una comparativa de los resultados publicados en el DOF donde la escala temporal de escurrimientos medios es anual.

En la Figura 4.2 se muestra la localización de los tres distritos de riego (Xicoténcatl, Mante y Las Ánimas, con Chicayán y Pujal Coy I) ubicados dentro de la CRGT, los cuerpos de agua y las 8 estaciones hidrométricas existentes en la cuenca, bajo la estructura que presenta el DOF (7jul2016). Con base en los Planes de Riego, estos distritos tienen un total de superficie de riego igual a 182,869 ha para abastecer aproximadamente a 14,061 usuarios de agua y una demanda anual de agua concesionada cercana a los 666.29 Mm^3 con base en información referenciada por la Comisión Estatal del Agua de Tamaulipas para el ciclo agrícola 2011-2012. En gran medida estos tres distritos de riego representan el principal usuario de agua dentro de la CRGT con un 40% del uso del recurso en toda la cuenca. Por lo tanto, el uso eficiente del agua en el sector agrícola es fundamental para la conservación del recurso hídrico, pero también para mantener e incrementar la disponibilidad de agua, especialmente en la cuenca media de la CRGT. Por otra parte, en el último tramo de esta cuenca (Tramo 58, río Tamesí) se localiza la principal demanda de agua para uso industrial, la cual representa el 0.008% del uso total de agua en la cuenca, y finalmente el sector público-urbano, distribuido en los principales municipios ubicados dentro de la cuenca (ver Tabla 4.2) que representa el 5.3% del uso total de agua en la cuenca.

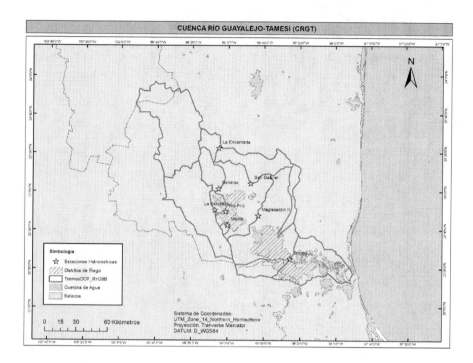

Figura 4.2 Estructura de la CRGT con base en el DOF del 7 de julio de 2016.
*Fuente: Elaborado a partir de DOF, 7jul2016; INEGI-SIATL, 2015 y la
División Política Estatal Versión 2 Escala 1:250,000; CONABIO, 2008.*

El volumen de demanda del recurso agua en la CRGT bajo el
presente análisis es de 7,266.1 Mm³ que representa el volumen anual
total de las extracciones, el volumen de agua comprometido aguas
abajo y el caudal ecológico para cada uno de los tramos. Por otro lado,
el volumen total de entradas es de 7,929.43 Mm³ que comprende el
volumen medio mensual aguas arriba, el volumen medio por cuenca
propia y el volumen medio por flujos de retorno, por tal motivo se
cuenta con 663.32 Mm³, sin embargo, es importante considerar las
pérdidas por conducción, es decir las fugas que podrían presentarse en
el orden de hasta en un 35% del agua perdida en las zonas urbanas y los
distritos de riego.

Tabla 4.1 Descripción de los tramos o subcuencas del río Guayalejo Tamesí.

No.	Tramo/subcuenca		Nombre/Descripción
1	47 (GT-A)	XLVII	Río Jaumave-Chihue: Desde se nacimiento hasta su confluencia con el río Guayalejo.
2	48 (GT-B)	XLVIII	Río Guayalejo 1: Desde la confluencia de los ríos Jaumave-Chihue hasta la Estación Hidrométrica "La Encantada".
3	49 (GT-C)	XLIX	Río Guayalejo 2: Desde la Estación Hidrométrica "La Encantada" hasta la Estación Hidrométrica "San Gabriel".
4	50 (GT-D)	L	Río Sabinas: Desde su nacimiento hasta la Estación Hidrométrica "Sabinas".
5	51 (GT-E$_1$)	LI	Río Comandante 1: Desde su nacimiento hasta la Estación Hidrométrica "La Servilleta".
6	52 (GT-E$_2$)	LII	Río Comandante 2: Desde la Estación Hidrométrica "La Servilleta" hasta la Estación Hidrométrica "Río Frío".
7	53 (GT-F)	LIII	Río Mante: Desde su nacimiento hasta la estación hidrométrica Mante.
8	54 (GT-G)	LIV	Río Guayalejo 3: Desde las Estaciones Hidrométricas "San Gabriel", "Sabinas", "Río Frío" y "Mante" hasta la Estación Hidrométrica "Magiscatzin".
9	55 (GT-H)	LV	Arroyo El Cojo: Desde su nacimiento hasta la confluencia con el río Guayalejo.
10	56 (GT-I)	LVI	Río Tantoán: Desde su nacimiento hasta la confluencia con el río Guayalejo
11	57 (GT-J)	LVII	Río Guayalejo 4: Desde la Estación Hidrométrica "Magiscatzin" y las confluencias del arroyo El Cojo y el río Tantoán hasta la Estación Hidrométrica "Tamesí".
12	58 (GT-K)	LVIII	Río Tamesí: Desde la Estación Hidrométrica "Tamesí" hasta la confluencia con el río Pánuco.

Fuente: DOF, 07jul2016.

En la Tabla 4.3 se muestran los volúmenes anuales totales de entradas y salidas por tramo. Ahora bien, cabe destacar que no se están considerando los eventos hidrometeorológicos extremos que pudieran impactar el volumen medio de disposición final del agua. Se concluye entonces que, si hay agua, sin embargo, estos datos representados de manera anual no permiten conocer el comportamiento mes a mes en donde se observan con mayor alcance los déficits del agua, por tanto, lo más representativo es el análisis del comportamiento de los volúmenes de manera mensual, como se propone en la presente investigación.

Tabla 4.2 Relación de subcuencas y sus respectivos municipios.

No.	Tramo/subcuenca	Municipios
1	Río Jaumave-Chihue	Jaumave
2	Río Guayalejo 1	Llera, Victoria, Jaumave
3	Río Guayalejo 2	Llera
4	Río Sabinas	Xicoténcatl
5	Río Comandante 1	Ocampo
6	Río Comandante 2	Gómez Farías
7	Río Mante	El Mante
8	Río Guayalejo 3	Xicoténcatl, El Mante
9	Arroyo El Cojo	González
10	Río Tantoán	El Mante
11	Río Guayalejo 4	El Mante, González
12	Río Tamesí	Altamira, Pánuco

Fuente: SIATL, 2015.

Tabla 4.3 Volumen anual de agua, entradas y salidas anuales en la CRGT por subcuenca.

No.	Tramo/subcuenca	Volumen Anual (Mm^3) Entrada/Salida	
1	Río Jaumave-Chihue	138.86	126.30
2	Río Guayalejo 1	389.49	336.62

3	Río Guayalejo 2	558.64	442.91
4	Río Sabinas	513.38	439.17
5	Río Comandante 1	251	205.90
6	Río Comandante 2	1003.90	825.23
7	Río Mante	132.30	119.44
8	Río Guayalejo 3	2596.33	2244.29
9	Arroyo El Cojo	1.38	35.05
10	Río Tantoán	2.95	53.07
11	Río Guayalejo 4	119.88	1751.64
12	Río Tamesí	2221.20	686.45
	Total:	**7,929.44**	**7,266.10**

Fuente: BANDAS, CONAGUA; REPDA; CEAT, 2014; DOF, 7jul2016.

Con base en la trayectoria de los tramos que conforman la red de drenaje de la cuenca de aguas arriba hacia aguas abajo, se puede observar que la disponibilidad de agua se presenta en la época de lluvias de junio a octubre, extendiéndose a noviembre en algunos casos como el tramo Guayalejo 1, río Mante y río Tantoán. Sin embargo, para la temporada fría que comienza en diciembre las anomalías se hacen negativas, lo que indica que, si no hay lluvia, se cuenta con un déficit de agua en la gran mayoría de los tramos, especialmente en los tramos del río Comandante 2, Comandante 1, Guayalejo 3, Río Sabinas y Jaumave-Chihue, observándose un déficit representativo en los meses de diciembre y enero a mayo.

En la cuenca baja, integrada por el tramo río Guayalejo 4, río Tantoán y río Tamesí hay disponibilidad en los meses de lluvia, sin embargo, se presenta escases en los meses de marzo a mayo, cabe destacar que estos registros no tienen la incorporación de los efectos del cambio climático, es decir, el porcentaje de precipitación que disminuirá en los próximos años que afecta a la demanda de agua, y de igual manera el incremento de la temperatura que impacta en la evaporación de los ríos.

Los resultados que se presentan en el análisis mejoran notablemente el comportamiento de la disponibilidad de agua en una cuenca hidrográfica, por lo tanto, sería aún más consistente un análisis mensual que anual como lo establece la NOM-011-CONAGUA-2015 (DOF, 27mar2015), por ello, se propone esta alternativa más puntual y viable para recalcular la disponibilidad de agua en las cuencas hidrológicas de México.

Enseguida se muestran los gráficos obtenidos del análisis del balance de agua mensual de la CRGT, donde se observa claramente el comportamiento de la distribución del agua por tramo. En los meses entre junio y octubre hay agua suficiente para abastecer la demanda que la cuenca requiere, sin embargo, en los meses de noviembre a mayo en todos los tramos existe un déficit en mayor o menor medida, que, si los mecanismos de mitigación por la insuficiencia volumétrica de agua no son activados, tales como los Distritos de Riego con infraestructura en buen estado y embalses con capacidades de almacenamiento necesaria, afectarían el abasto del recurso lo que conlleva a problemáticas económicas, ambientales y sociales en la CRGT.

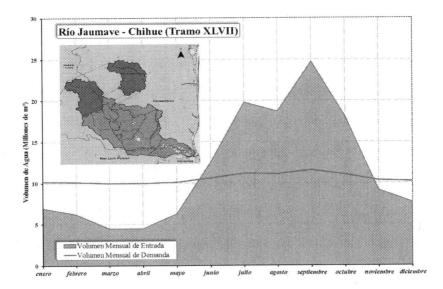

Gráfico 4.2 Oferta-Demanda mensual en el tramo río Jaumave-Chihue.
Fuente: Elaboración propia.

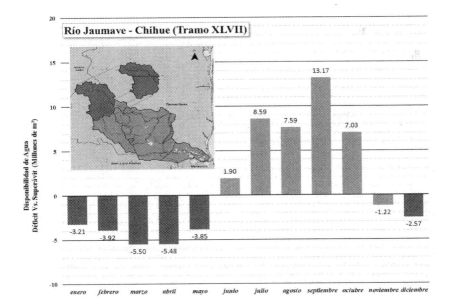

Gráfico 4.3 Régimen mensual de disponibilidad
de agua en el tramo río Jaumave-Chihue.
Fuente: Elaboración propia.

167

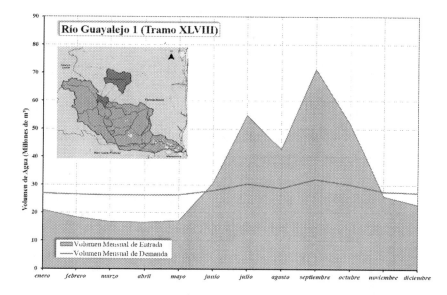

Gráfico 4.4 Oferta-Demanda mensual en el tramo río Guayalejo 1.
Fuente: Elaboración propia.

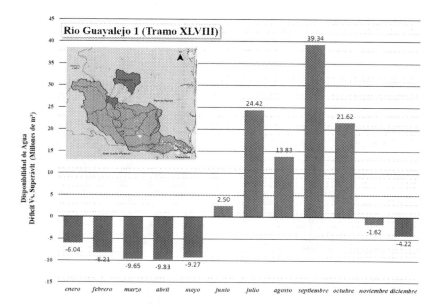

Gráfico 4.5 Régimen mensual de disponibilidad
de agua en el tramo río Guayalejo 1.
Fuente: Elaboración propia.

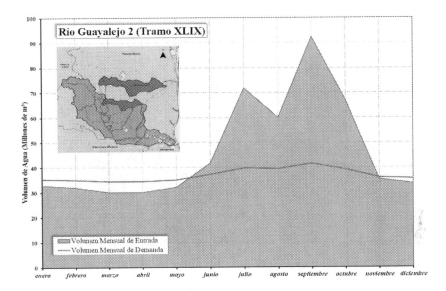

Gráfico 4.6 Oferta-Demanda mensual en el tramo río Guayalejo 2.
Fuente: Elaboración propia.

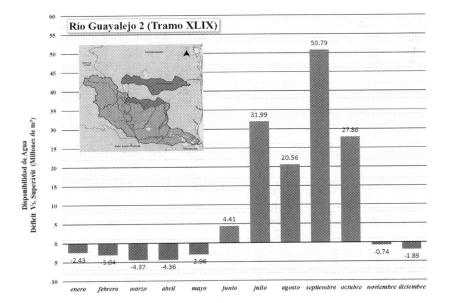

Gráfico 4.7 Régimen mensual de disponibilidad
de agua en el tramo río Guayalejo 2.
Fuente: Elaboración propia.

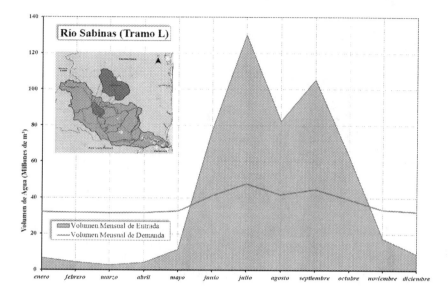

Gráfico 4.8 Oferta-Demanda mensual en el tramo *río Sabinas*.
Fuente: Elaboración propia.

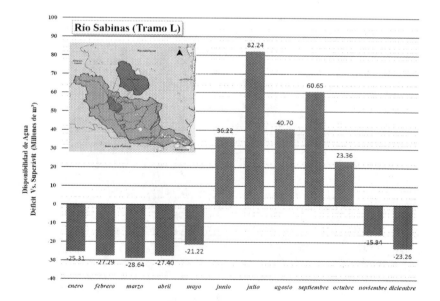

Gráfico 4.9 Régimen mensual de disponibilidad
de agua en el tramo río Sabinas.
Fuente: Elaboración propia.

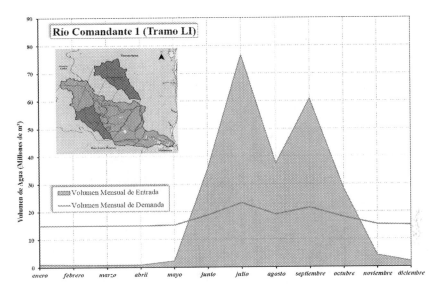

Gráfico 4.10 Oferta-Demanda mensual en el tramo *río Comandante 1.*
Fuente: Elaboración propia.

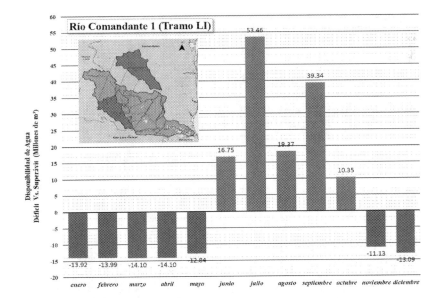

Gráfico 4.11 Régimen mensual de disponibilidad
de agua en el tramo río Comandante 1.
Fuente: Elaboración propia.

171

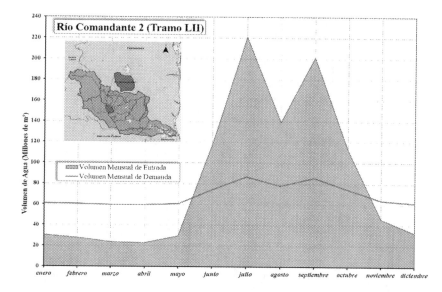

Gráfico 4.12 Oferta-Demanda mensual en el tramo río Comandante 2.
Fuente: Elaboración propia.

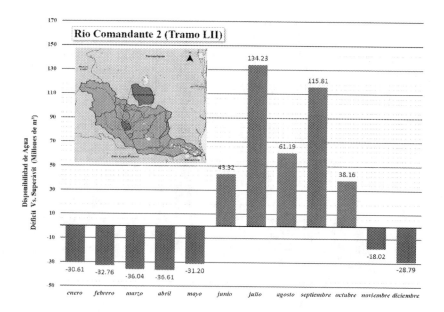

Gráfico 4.13 Régimen mensual de disponibilidad
de agua en el tramo río Comandante 2.
Fuente: Elaboración propia.

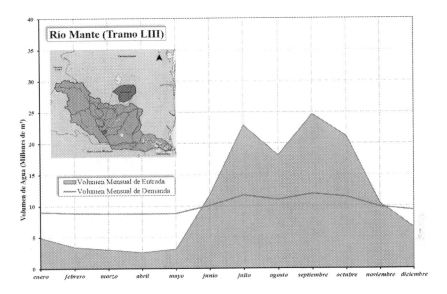

Gráfico 4.14 Oferta-Demanda mensual en el tramo río Mante.
Fuente: Elaboración propia.

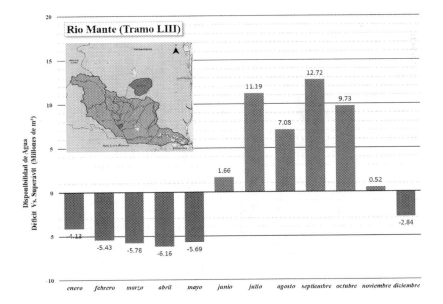

Gráfico 4.15 Régimen mensual de disponibilidad
de agua en el tramo río Mante.
Fuente: Elaboración propia.

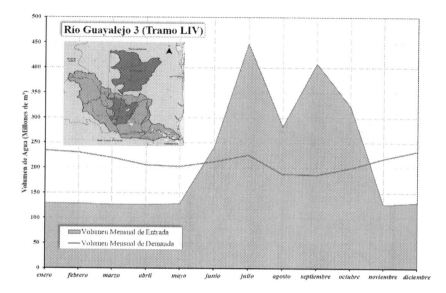

Gráfico 4.16 Oferta-Demanda mensual en el tramo río Guayalejo 3.
Fuente: Elaboración propia.

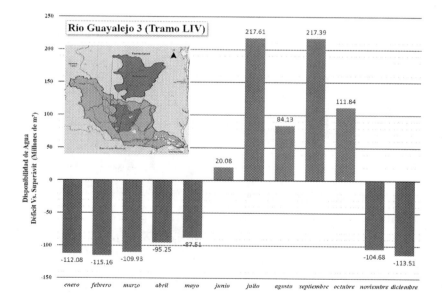

Gráfico 4.17 Régimen mensual de disponibilidad
de agua en el tramo río Guayalejo 3.
Fuente: Elaboración propia.

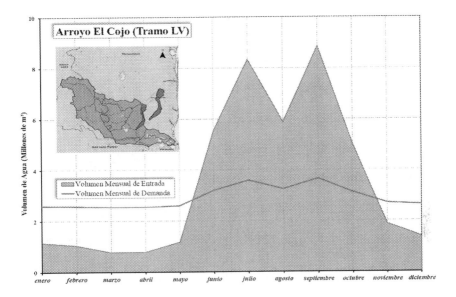

Gráfico 4.18 Oferta-Demanda mensual en el tramo arroyo El Cojo.
Fuente: Elaboración propia.

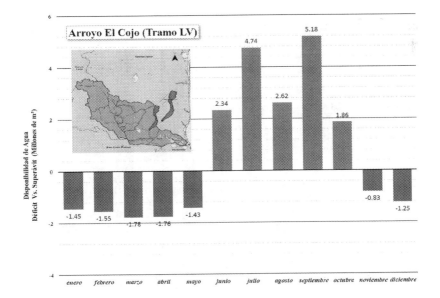

Gráfico 4.19 Régimen mensual de disponibilidad
de agua en el tramo arroyo El Cojo.
Fuente: Elaboración propia.

175

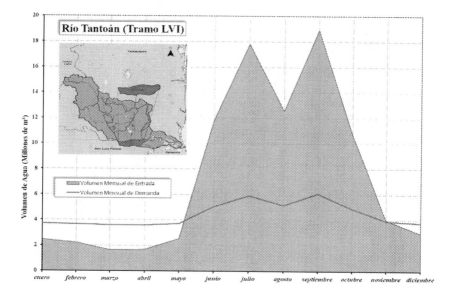

Gráfico 4.20 Oferta-Demanda mensual en el tramo río Tantoán.
Fuente: Elaboración propia.

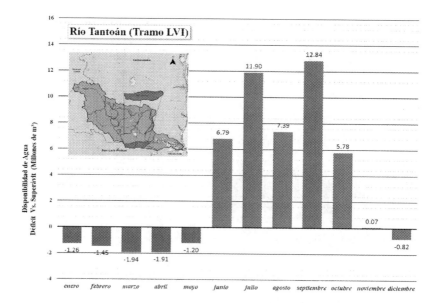

Gráfico 4.21 Régimen mensual de disponibilidad
de agua en el tramo río Tantoán.
Fuente: Elaboración propia.

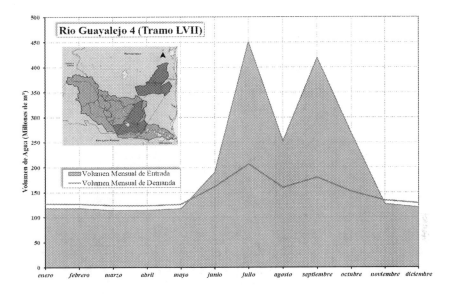

Gráfico 4.22 Oferta-Demanda mensual en el tramo río Guayalejo 4.
Fuente: Elaboración propia.

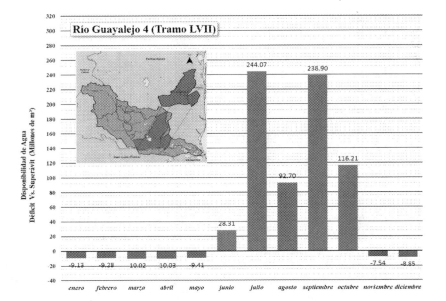

Gráfico 4.23 Régimen mensual de disponibilidad
de agua en el tramo río Guayalejo 4.
Fuente: Elaboración propia.

177

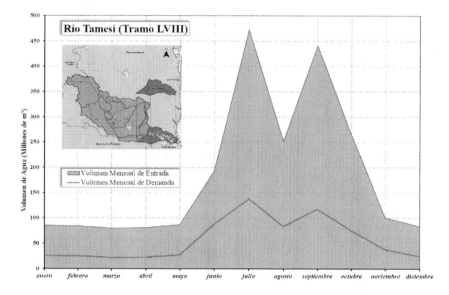

Gráfico 4.24 Oferta-Demanda mensual en el tramo río Tamesí.
Fuente: Elaboración propia.

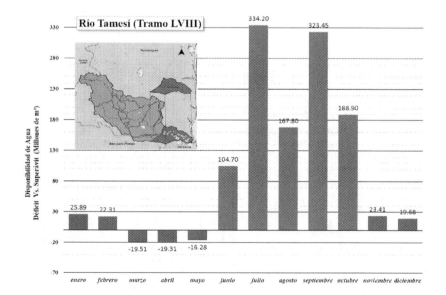

Gráfico 4.25 Régimen mensual de disponibilidad
de agua en el tramo río Tamesí.
Fuente: Elaboración propia.

4.5 CONCLUSIONES Y RECOMENDACIONES

El seguimiento de la disposición de los recursos hídricos en la cuenca es imprescindible, debido a que el objetivo es el mayor acercamiento y la fidelidad de los datos que se procesan para una posterior modelación efectiva con base en el inventario y la dinámica que se presenta en la cuenca hidrográfica. Por tal motivo, el análisis del comportamiento de las presas y la calibración del modelo con base en el análisis mensual será el siguiente paso a incorporar en el estudio, así como la generación de escenarios regionales de cambio climático basados en el 5to. Reporte del IPCC y con una resolución espacial de 1km por 1km con base en el portal UNIATMOS del Centro de Ciencias de la Atmósfera de la Universidad Nacional Autónoma de México.

Se ha mostrado la importancia de realizar estudios hidrológicos mensuales, que visualizan de mejor manera el comportamiento del agua en el tiempo, los cuales serán el punto de partida para tomar acciones que reformen la NOM-011-CONAGUA-2015 y que incorporen un análisis mensual dentro de los estudios de disponibilidad del agua en las cuencas de México. Si el análisis continúa siendo anual tal como lo marca la norma (DOF, 27mar2015) y lo presenta en el análisis de disponibilidad (DOF, 7jul2016) los resultados tramo a tramo son permeados y no se permite una visualización de los volúmenes reales con base en el comportamiento de las lluvias y por ende de los caudales de los ríos.

Cada cuenca en México tiene sus peculiaridades, en el caso particular de la CRGT, la Comisión de Cuenca del Río Guayalejo-Tamesí trabaja en colaboración con la CONAGUA para el mejoramiento de los planes y programas a los que deben ajustarse los usuarios del agua, sin embargo, hay una brecha visible en la aplicación de estos, específicamente en la cuenca los inconvenientes que genera el seguir utilizando riego por gravedad, la ineficiente infraestructura, así como la falta de conocimiento de los usuarios de agua en el cultivo que siembren, la escasa difusión de los reglamentos internos en los Distritos de Riego y la falta de capacitación para actualizar los programas de tecnificación, conllevan a una problemática recurrente que adicionalmente a la variabilidad climática y los efectos del cambio climático ya presentes, agravarán el problema en la cuenca con el paso del tiempo.

Aproximadamente el 85% de los usuarios de agua de los DDR riegan bajo técnicas empíricas sin tener conocimiento claro de los requerimientos de los cultivos y por ende de las láminas de riego. Aunque se ha trabajado en conjunto autoridades y usuarios los avances son escasos, debido a que no se aplican evaluaciones y supervisiones adecuadamente, aplicando las sanciones debidas por el inadecuado manejo del recurso.

4.6 AGRADECIMIENTOS

De manera muy especial y con profundo agradecimiento al Dr. Gerardo Sánchez Torres Esqueda, por el soporte que siempre brinda a sus colaboradores, quien representa a Ingenieros Sin Fronteras México, A.C. El empeño que el Dr. Sánchez Torres ha puesto en los últimos años en el manejo de los recursos hídricos, especialmente en la CRGT y de toda la cuenca del Río Pánuco, ha inspirado a muchos para hacer frente a las problemáticas del agua comprobando con sustentos científicos la importancia de considerar y reconstruir el sistema actual para prevenir efectos adversos futuros.

De igual manera, se agradece el apoyo brindado a servidores públicos de la Comisión Estatal del Agua en Tamaulipas (CEAT) por su apoyo y seguimiento de los datos proporcionados para llevar a cabo el estudio, especialmente el Ing. Miguel Moreno Martínez y al Ing. Ramón Ávila Deantes, Subdirector de Consejos de Cuenca de la Dirección de Distritos y Unidades de Riego de la CEAT.

Adicionalmente, los autores agradecen al grupo de editores la invitación a participar en la publicación de este documento, con el objetivo de dar aporte sustancial al inventario del recurso agua a nivel cuenca.

Sin duda alguna la participación conjunta de usuarios, autoridades de gobierno en los tres niveles en materia de agua, así como investigadores son parte medular para que estudios como el mostrado transciendan hacia el logro de una transparencia en la dinámica del agua y de tal forma diseñar y aplicar estrategias equitativas que permitan equilibrar la oferta y la demanda del agua y sobretodo atenuar y adaptarse a los efectos que el cambio climático ya está presentando en las cuencas hidrográficas.

BIBLIOGRAFÍA

Alcocer, J. (2015). Reporte Mexicano de Cambio Climático. Grupo II. Impactos, Vulnerabilidad y Adaptación. En C. C. Gay (Ed.), *Capítulo 2. Aguas Continentales* (págs. 41-56). México, D.F.: Universidad Nacional Autónoma de México y Programa de Investigación en Cambio Climático.

Comisión de Cuenca del Río del Guayalejo-Tamesí. (2012). *Programa de Gestión del Agua de la Cuenca del Río Guayalejo-Tamesí.* Gerencia Operativa del Consejo de Cuenca del Río Pánuco.

CONAGUA. (2004). *Ley Federal de Aguas Nacionales y su reglamento.* México, D.F.: Comisión Nacional del Agua.

CONAGUA. (2012a). *Atlas del Agua en México.* Secretaría de Medio Ambiente y Recursos Naturales. Recuperado el 28 de diciembre de 2015, de www.conagua.gob.mx/CONAGUA07/Publicaciones/.../SGP-36-12.pdf

CONAGUA. (2012b). *Atlas Digital de Agua 2012.* México, D.F.: Secretaría de Medio Ambiente y Recursos Naturales. Recuperado el 28 de diciembre de 2015, de http://www.conagua.gob.mx/atlas/index.html

CONAGUA. (2013). *Ley Federal de Derechos. Disposiciones Aplicables en Materia de Aguas Nacionales.* México, D.F.: Secretaría de Medio Ambiente y Recursos Naturales.

CONAGUA. (2014). *Estadísticas del Agua en México.* México, D.F.: Secretaría de Medio Ambiente y Recursos Naturales.

Cotler, H. (2004). *El manejo integral de cuencas en México: estudios y reflexiones para orientar la política ambiental.* México, D.F.: SEMARNAT, INE.

Defensoría del Pueblo. (2015). *Conflictos soiales y recursos hídricos* (Primera ed.). Lima, Perú: Serie de Informes de Adjuntía, Informe No. 001-2015-DP/APCSG.

DOF. (20sep2012). *NMX-AA-159-SCFI-2012. Norma Mexicana que establece el procedimiento para la determinación del caudal ecológico en cuencas hidrológicas.* México, D.F.: Secretaría de Economía, Diario Oficial de la Federación de México. Recuperado el 28 de diciembre de 2015, de http://www.conagua.gob.mx/ CONAGUA07/Noticias/NMX-AA-159-SCFI-2012.pdf

DOF. (23jul2014). *Proyecto de Modificación a la NOM-011-CNA-2000, Conservación del recurso agua, que establece las especificaciones y el método para determinar la disponibilidad media anual de las aguas nacionales.* Diario Oficial de la Federación de México. Secretaría de Medio Ambiente y Recursos Naturales. Recuperado el 30 de septiembre de 2015, de http://www.dof.gob.mx/nota_detalle.php?codigo=5387027&fecha= 27/03/2015

DOF. (27mar2015). *NOM-011-CONAGUA-2015. Conservación del recurso agua-Que establece las especificaciones y el método para determinar la disponibilidad media anual de las aguas nacionales.* Diario Oficial de la Federación de México. Secretaría de Medio Ambiente y Recursos Naturales.

DOF. (7jul2016). *Acuerdo por el que se actualiza la disponibilidad media anual de las aguas superficiales de las 757 cuencas hidrológicas que comprenden las 37 regiones hidrológicas en que se encuentra dividido los Estados Unidos Mexicanos.* Diario Oficial de la Federación de México. Secretaría de Medio Ambiente y Recursos Naturales.

IPCC. (2014). *Climate Change 2014: Synthesis Report. Contribution of Working Groups I, II and III to the Fith Assessment Report of the Intergovernmental Panel on Climate Change.* Ginebra, Suiza. Recuperado el 20 de agosto de 2015, de http://ar5-syr.ipcc.ch/ipcc/ ipcc/resources/pdf/ipcc_SynthesisReport.pdf

SEMARNAT. (2012). *Programa Regional Hídrico, Visión 2030. Región Hidrológico-Administrativa IX Golfo-Norte.* México, D.F.: Comisión Nacional del Agua.

Capítulo 5

La Vulnerabilidad del Recurso Hídrico

González-Turrubiates, Dora[1]; Arcos-Espinosa, Gabriel[2]; Guichard-Romero, Delva[3] y Barragán-Ramírez, Rodolfo[4]

[1,2] Profesor Tiempo Completo de la Facultad de Ingeniería "Arturo Narro Siller" de la Universidad Autónoma de Tamaulipas y Miembro Integrante del Cuerpo Académico UAT-CA-28.
E-mail: dgonzale@docentes.uat.edu.mx; garcos@docentes.uat.edu.mx
[3] Profesor Tiempo Completo de la Facultad de Ingeniería de la Universidad Autónoma de Chiapas y Miembro Integrante del Cuerpo Académico UNACH-CA-51.
E-mail: dguich@unach.mx
[4] Profesor Tiempo Completo de la Facultad de Ingeniería "Arturo Narro Siller" de la Universidad Autónoma de Tamaulipas y Miembro Colaborador del Cuerpo Académico UAT-CA-134.
E-mail: rbarrag@docentes.uat.edu.mx

RESUMEN

La evaluación de la vulnerabilidad, relacionada con las alteraciones al recurso hídrico, es una experiencia sobresaliente en el ámbito nacional, que debe ser abordada de manera generalizada por las instancias vinculadas al desarrollo de estos espacios territoriales. El presente trabajo tiene como objetivo la evaluación de la vulnerabilidad del recurso hídrico, mediante la selección y desarrollo de indicadores y criterios específicos para valorar la vulnerabilidad en la Cuenca del Río Guayalejo Tamesí (CRGT). La metodología adoptada para la selección y desarrollo de indicadores se aplica en un marco de evaluación del grado de exposición, grado de sensibilidad y grado de adaptación, debido a alteraciones en el recurso hídrico. La base sólida para la generación de planes y programas de mitigación y adaptación, es precisamente el estudio del reconocimiento y estimación de indicadores que demuestren el estado actual y futuro, en este caso particular a nivel cuenca. El desarrollo del análisis de la vulnerabilidad llevado a cabo, busca contribuir al mejoramiento del conocimiento del estado de vulnerabilidad en la cuenca. En particular, la subcuenca del río Tamesí observa una alta vulnerabilidad económica, las subcuencas río Jaumave Chihue, río Guayalejo 1, río Guayalejo 2, río Sabinas, río Comandante 1 y arroyo El Cojo una alta vulnerabilidad social; y las subcuencas río Jaumave-Chihue, río Sabinas, río Guayalejo 3 y río Tamesí una alta vulnerabilidad ambiental.

Palabras clave: *Indicadores, Vulnerabilidad, Recurso Hídrico, Cuenca del Río Guayalejo Tamesí (CRGT).*

5.1 INTRODUCCIÓN

El agua, bien común e indispensable, está presente en todos los ámbitos de la vida, tanto formando parte de ella como integrando los procesos que le dan soporte. Por consiguiente, su existencia y calidad son factores inexcusables para el sostenimiento de los ecosistemas, y, por ende, para la continuidad del proceso de desarrollo humano.

El uso del agua unido al desconocimiento de su fragilidad ha conducido, en tiempos pasados, a un deterioro acelerado de su disponibilidad y calidad en la naturaleza, con repercusiones medioambientales negativas y frecuentemente irreversibles.

Esto, unido a su vulnerabilidad, frente al impacto por su deterioro, cambios en los ecosistemas y actualmente el cambio climático, advierte una dramática alerta con respecto a la necesidad de su protección y uso racional, como una decisión de vida para las generaciones venideras.

La vulnerabilidad es considerada un componente del riesgo, que es también una función de la amenaza: Riesgo: f (amenaza, vulnerabilidad). En el caso del recurso hídrico la amenaza se refiere a sequías e inundaciones, mientras que la vulnerabilidad se asocia con la habilidad que tiene la sociedad para enfrentar estas amenazas. A pesar de que no existe una definición universal para vulnerabilidad, la Estrategia Internacional para la Reducción de Desastres (ONU/ EIRD, 2004), indica que vulnerabilidad es una "condición determinada por factores o procesos físicos, sociales, económicos y ambientales, que aumentan la susceptibilidad de una comunidad al impacto por amenazas."

El concepto de vulnerabilidad implica que, ante amenazas similares, poblaciones o sectores diferentes van a tener impactos distintos. Por ejemplo, mientras que pequeños productores agrícolas tienen poca movilidad ante una eventual reducción en la precipitación, grandes empresas pueden moverse con facilidad hacia nuevos territorios e incluso diferentes países. La vulnerabilidad está muy ligada al desarrollo humano debido a que aquellas poblaciones con mejores ingresos, educación y salud tendrán mayor capacidad de recuperación o adaptación.

Uno de las principales amenazas sobre el recurso hídrico es la alteración en el régimen de lluvias, incluyendo su cantidad y distribución en el tiempo, lo cual tiene claro impacto sobre el desarrollo humano, ya que la relación de este con el recurso hídrico es fuerte. El acceso al agua es una condición necesaria, aunque no suficiente para el desarrollo humano (PNUD - GWA, 2006). Y casualmente son aquellas regiones en condiciones de mayor pobreza las que tienen menos acceso a este recurso. Además, el agua es un vínculo entre el sistema natural y el sistema social.

El recurso hídrico puede verse afectado de muchas formas, de acuerdo al IPCC (2008) se tienen:

- Cambios en el clima afectan al ciclo hidrológico: mayor variabilidad espacial y temporal en la precipitación; puede afectar la producción agrícola, hidroeléctrica y la provisión de agua potable.

- La frecuencia de inundaciones y sequías, afecta la calidad del agua y exacerba muchas formas de contaminación del agua: nutrientes, sedimentos, carbono orgánico disuelto, …

- Cambios en la cantidad y calidad del agua, afectan la disponibilidad, estabilidad, acceso y utilización de la comida. La cual incrementa la vulnerabilidad de las familias más pobres y reduce la seguridad alimentaria.

Para asegurar el acceso al recurso hídrico para todos y cada uno de los de los sectores de desarrollo, es necesario mejorar las capacidades de la población y especialmente de los grupos vulnerables, ya que no todos están preparados o igualmente preparados para responder a estas afectaciones del recurso hídrico.

La determinación de la vulnerabilidad del recurso hídrico en un territorio o región, ante cambios naturales en el mismo, es un tema complejo y requiere de la participación de los actores involucrados en el uso y aprovechamiento del recurso hídrico. Asimismo, existen diferentes visiones acerca de los factores que determinan la vulnerabilidad. No obstante, existe consenso en que la pobreza, la dependencia del sector primario y la disponibilidad de agua son algunos de los principales.

El objetivo principal en la determinación de la vulnerabilidad del recurso hídrico consiste en la identificación y desarrollo de indicadores que permitan profundizar en el conocimiento sobre los impactos y la vulnerabilidad del recurso hídrico ante la variabilidad climática del territorio en la Cuenca del Río Guayalejo Tamesí. Resulta de gran importancia identificar las zonas con el recurso hídrico más vulnerable a la variabilidad climática. En general se sabe que las regiones más vulnerables coinciden con las más pobladas.

5.2 MARCO TEORICO

5.2.1 Vulnerabilidad

El primer paso para analizar de fondo la vulnerabilidad, es proceder a definirla. La palabra vulnerabilidad se deriva del latín, pues está conformada por tres partes latinas: el sustantivo *vulnus*, traducido como "herida o daño"; la partícula *abilis*, equivalente a "que puede", y finalmente el sufijo *dad*, que es indicativo de "cualidad". Es así como, la vulnerabilidad puede definirse como la "cualidad que tiene un individuo para ser herido o dañado". Para que el daño ocurra deben presentarse las siguientes condiciones:

- Una situación o contingencia potencialmente adversa (un peligro endógeno o exógeno),

- Una incapacidad de respuesta frente a esa contingencia, y

- Una inhabilidad para adaptarse al nuevo escenario generado por el peligro materializado.

En general, se acepta, que la vulnerabilidad es una condición de fragilidad o debilidad de un individuo o sistema ante algún tipo de peligro o amenaza.

Por tanto, la vulnerabilidad constituye la interfase de la exposición a amenazas al bienestar humano y ecosistemas y su capacidad para enfrentarlas. Las amenazas pueden surgir de una combinación de procesos biofísicos y sociales. Lo anterior conduce a un escenario de limitada o nula capacidad de respuesta frente a tal contingencia y grandes dificultades para adaptarse al nuevo escenario generado por la materialización del peligro.

El concepto de vulnerabilidad, se define desde el punto de vista de la Gestión de los Riesgos de Desastres y se presentan tres conceptos que son similares:

- La Estrategia Internacional para la Reducción de Desastres (ONU/EIRD, 2004), indica que vulnerabilidad es una "condición determinada por factores o procesos físicos, sociales, económicos y ambientales, que aumentan la susceptibilidad de una comunidad al impacto por amenazas".

- Ávila (2008), define vulnerabilidad "como el proceso por el cual la población humana y los ecosistemas están sujetos a riesgo de sufrir daños o amenazas ocasionadas por factores biofísicos y sociales".

- Magaña et. al. (2012), la define como el "conjunto de condiciones físicas, sociales y económicas que inciden en la posibilidad de afectación de personas, de un sistema social y/o natural debido a la ocurrencia de fenómenos naturales, y que están en relación con su exposición, sensibilidad y capacidad adaptativa".

5.2.2 Factores de origen de la vulnerabilidad

Las anteriores definiciones denotan el concepto de vulnerabilidad considerando factores de origen y condiciones de la zona amenazada por peligros naturales o antropogénicos. Entendiendo que la vulnerabilidad se origina por los siguientes factores, Cardona et. al. (2003):

1) La *fragilidad física o exposición*, que es la condición de susceptibilidad que tiene el asentamiento humano de ser

afectado por estar en el área de influencia de los fenómenos peligrosos y por su falta de resistencia física ante los mismos.

2) La *fragilidad social*, que se refiere a la predisposición que surge como resultado del nivel de marginalidad y segregación social del asentamiento humano y sus condiciones de desventaja y debilidad relativa por factores socioeconómicos.

3) La *falta de resiliencia*, que expresa las limitaciones de acceso y movilización de recursos del asentamiento humano, su incapacidad de respuesta y sus deficiencias para absorber el impacto.

5.2.3 Dimensiones o tipos de vulnerabilidad

De manera análoga a los factores que intervienen en la configuración de la vulnerabilidad, se identifican vulnerabilidades o aspectos de vulnerabilidad diferentes, denominados dimensiones o tipos de la vulnerabilidad. Wilches-Chaux (1989), propone un esquema que desagrega a la vulnerabilidad global en once dimensiones, advirtiendo que sólo corresponden a distintos ángulos de análisis y que las distintas vulnerabilidades se encuentran interconectadas entre sí:

1) *Vulnerabilidad natural*: se refiere a la vulnerabilidad intrínseca de todos los seres vivos, determinada por los límites dentro de los cuales la vida es posible, así como por las exigencias internas particulares de cada organismo.

2) *Vulnerabilidad física*: se refiere a la localización de asentamientos humanos en zonas de riesgo y a las deficiencias estructurales de sus construcciones. Esto se atribuye en gran medida a la pobreza, que limita el acceso a zonas más seguras,

y también a la alta productividad de muchas de estas zonas de riesgo, lo cual incita su poblamiento.

3) *Vulnerabilidad económica*: a nivel nacional, esta vulnerabilidad se expresa en la dependencia económica de factores externos incontrolables, tales como los precios de compra de materias primas y los precios de venta de combustibles, entre otros. A nivel local e individual, está determinada en gran medida por la falta de diversificación de las economías locales, y se expresa en el desempleo y la inestabilidad laboral, así como en la falta de acceso a servicios formales de salud y educación.

4) *Vulnerabilidad social*: la determina el bajo nivel de cohesión interna, organización y sentimientos de pertenencia y propósito, así como, por la ausencia de liderazgo en una comunidad, ejercicio este último por personas, y/o instituciones capaces de impulsar la construcción de una identidad individual y colectiva, a partir de la cual desarrollar potencialidades que permitan prevenir, mitigar o responder a situaciones adversas.

5) *Vulnerabilidad política*: se refiere a la centralización del poder, con la consecuente debilidad en los niveles de autonomía de una comunidad para tomar las decisiones que la afectan. Está determinada por la incapacidad de la comunidad y de volverse problema, es decir, de ejercer presión y exigir atención de los niveles decisorios, y por su incapacidad de proponer soluciones al problema planteado.

6) *Vulnerabilidad técnica*: se refiere a la falta de implementación de técnicas adecuadas de construcción y, en general, de

tecnologías para prevenir y enfrentar situaciones de riesgo. En muchas ocasiones no está determinada por la falta de recursos económicos, sino simplemente por el desconocimiento de dichas tecnologías.

7) *Vulnerabilidad ideológica*: se refiere a la concepción del mundo, del medio ambiente y el papel de los seres humanos en él, que predomina en los miembros de una comunidad y que determina su forma de responder frente a una situación adversa. Una concepción fatalista genera pasividad y resignación, aumentando la vulnerabilidad; una concepción consciente del poder de transformación de la voluntad humana, en cambio, genera respuestas más constructivas.

8) *Vulnerabilidad cultural*: está determinada, por una parte, por la personalidad de una comunidad, que resulta decisoria a la hora de enfrentar un desastre (las reacciones serán distintas si la comunidad está regida por patrones machistas, individualistas o paternalistas, que si está regida por valores de solidaridad, cooperación y fortalecimiento de capacidades locales), y, por otra, por el desempeño de los medios de comunicación en su rol en cuanto a la consolidación de las identidades culturales (cuando la información entregada reafirma la concepción fatalista frente a los desastres, cuando no existen vías de comunicación entre el medio y el receptor de la información, y cuando existen vías de comunicación entre el medio y el receptor de la información, y cuando los medios no reflejan la realidad de la comunidad y no le permiten reconocerse, la vulnerabilidad cultural se hace mayor).

9) *Vulnerabilidad educativa*: se refiere a la falta de contenidos que otorguen herramientas adecuadas según la realidad local para enfrentar situaciones de riesgo en los programas educativos, así como a la escasa o nula validación que se otorga a la sabiduría popular a nivel académico.

10) *Vulnerabilidad ecológica*: se refiere a la adopción de modelos de desarrollo basados en la apropiación y destrucción del medio ambiente, lo que hace los ecosistemas se tornen vulnerables (incapaces de autoajustarse) y riesgosos para las personas.

11) *Vulnerabilidad institucional*: se refiere a la obsolescencia y rigidez de las instituciones, en las que impera la burocracia por sobre la agilidad para responder situaciones de desastre por parte de organismos públicos.

A pesar de las diferencias en las formas de explicar la vulnerabilidad, con sus factores de origen y dimensiones relevantes, todos los planteamientos apuntan finalmente a la importancia del rol que juegan las personas, tanto individual como colectivamente, en la construcción de la misma. Existen múltiples modelos que dan cuenta del proceso de progresión de la vulnerabilidad, entre los más importantes, se pueden mencionar: el modelo Presión-Estado-Respuesta (PAR, en inglés), propuesto por Blaikie et. al. (1996) y el modelo propuesto por Turner et. al. (2003), que recoge e integra los diversos componentes de la vulnerabilidad y sus relaciones a diferentes escalas espaciales. El primer modelo se basa en la idea de dos fuerzas, los elementos que generan vulnerabilidad y la exposición a una amenaza, que ejercen presión en sentidos opuestos y cuya intersección provoca un desastre; la respuesta se refiere a las condiciones necesarias para atenuar la presión y reducir la vulnerabilidad. El modelo identifica además una cadena que da origen a los distintos tipos de vulnerabilidad. La cadena consta de tres niveles: 1) causas de fondo, que corresponden a procesos económico, demográficos y políticos y que reflejan la distribución del poder en la sociedad; 2) presiones dinámicas, que son consecuencias de las causas de fondo y se traducen en formas de inseguridad; y 3) condiciones inseguras, que corresponden a las "formas específicas en las cuales la vulnerabilidad de una población se expresa en el tiempo y en el espacio junto con una amenaza".

El modelo de Turner et al. (2003), establece que los peligros o amenazas pueden provenir tanto desde fuera como desde dentro del sistema y tienen el potencial de afectarlo en todos los ámbitos, incluyendo su forma de experimentar perturbaciones. La sensibilidad del sistema, en tanto, está determinada por condiciones sociales y biofísicas, que a su vez influyen sobre los mecanismos de respuesta que actúan a medida que se experimentan los impactos de la exposición. Son estas respuestas, sin importar su naturaleza, y sus resultados, lo que determinan la resiliencia del sistema.

En definitiva, los avances teóricos muestran que el concepto de vulnerabilidad ha ido evolucionando en el tiempo. En un principio, el concepto de vulnerabilidad fue planteado como una componente social de la configuración de situaciones de desastre, y asociado solamente a la pobreza como principal agente causal (Hewit, 1983; citado por McEntire (2004)). Años más tarde, la idea fue discutida y complementada por diversos investigadores, dando origen a una visión más amplia acerca de los elementos sociales que intervienen en la construcción de la vulnerabilidad, como es la cultura y los procesos económicos y políticos que determinan la distribución del poder en una sociedad (Blaikie et.

al. (1996); McEntire (2004); Cardona (2001); UN/ISDR (2002)). Este enfoque exclusivamente social comenzó a ser limitado e insuficiente para explicar las causas de la vulnerabilidad, surgiendo así la necesidad de abarcar otros aspectos, dando origen a una serie de propuestas y modelos de factores tanto de tipo social como biofísico (Alcántara - Ayala (2002); McEntire (2005)). De esta forma el concepto actual de vulnerabilidad recoge los distintos factores y procesos que aumentan la susceptibilidad al impacto de las amenazas.

5.3 MÉTODOS Y MATERIALES

La aplicación práctica del concepto de vulnerabilidad, comprende diversas propuestas metodológicas para la evaluación de la misma, las cuales pretenden ser un apoyo concreto al desarrollo de políticas y la toma de decisiones. En general, los métodos de evaluación se basan en el uso de indicadores de vulnerabilidad. La selección de estos indicadores está determinada por el tipo de amenaza y la escala de análisis, asimismo como por la información disponible y las características específicas de cada territorio.

Los indicadores de vulnerabilidad, incluyen el desempeño social, económico, ambiental y político en donde se genera la vulnerabilidad y que se determina por la amenaza. La amenaza en el caso de este estudio corresponde al daño que pueda afectar al recurso hídrico en la Cuenca del Río Guayalejo Tamesí (CRGT), tal es el caso de situaciones de exceso o falta de agua.

5.3.1 Metodología

Estimar la vulnerabilidad del recurso hídrico en la CRGT, supone encontrar las causas de fondo o subyacentes que dan origen a ésta. Las causas de fondo van desde los procesos económicos, demográficos y políticos, que afectan la asignación y distribución del recurso hídrico entre diferentes grupos de personas y ecosistemas, y que reflejan la distribución del poder; hasta procesos globales, tales como, el crecimiento de la población, la urbanización rápida, presiones financieras nacionales, degradación de la tierra, cambio ambiental local y conflictos sociales. Considerando el carácter multifacético de la vulnerabilidad y el elemento de estudio el recurso hídrico, las variables que describan la vulnerabilidad en la cuenca deben mostrar una clara descripción del estado y la respuesta del recurso hídrico.

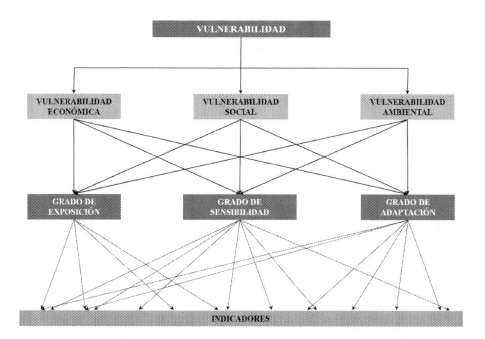

Figura 5.1 Modelo jerárquico de estimación de la vulnerabilidad del recurso hídrico en la CRGT.
Fuente: Elaboración propia.

La vulnerabilidad del recurso hídrico en la CRGT, se determina a partir de tres dimensiones de vulnerabilidad (ver Figura 5.1): 1) vulnerabilidad económica, 2) vulnerabilidad social y 3) vulnerabilidad ambiental; y en función de factores para cada dimensión de la vulnerabilidad: 1) exposición, 2) susceptibilidad y 3) adaptación.

La estimación de la vulnerabilidad se hace de acuerdo a la siguiente metodología del Instituto Mexicano de Tecnología del Agua (IMTA, 2015):

1) Identificación de la unidad básica espacial de estudio: la cuenca hidrológica, integrada por una o más subcuencas hidrológicas.

2) Identificación y selección de los indicadores de cálculo, con el objeto de ver reflejadas las condiciones económicas, sociales y ambientales de las diferentes dependencias federales. Estos indicadores deben estar disponibles a nivel municipal, de actualización y emisión periódica y bases de dominio público.

3) Análisis y procesamiento de los indicadores. Los indicadores son normalizados con el objeto de hacerlos comparables, donde el rango de valores oscile entre [0] y [1]. En este análisis se considera la relación funcional de cada indicador con la vulnerabilidad: 1) relación directa o ascendente [↑]: a mayor magnitud del indicador la vulnerabilidad aumenta y 2) relación indirecta o descendente [↓]: a mayor magnitud del indicador la vulnerabilidad disminuye.

4) Estimación del peso específico para cada indicador. Este cálculo se hace a partir de la expresión algebraica (Iyengar & Sudarshan, 1982):

$$P_j = \frac{1}{(\sigma_j)\left(\sum_{j=1}^{n}\left(\frac{1}{\sigma_j}\right)\right)} = \frac{C}{\sigma_j}$$

donde:

P_j, es el peso ponderado del indicador j;

σ_j, es la desviación estándar de la muestra de la matriz del indicador j,

$C = \dfrac{1}{\sum_{j=1}^{n}\left(\frac{1}{\sigma_j}\right)}$, es el coeficiente de normalización.

5) Estimación de la vulnerabilidad. Este cálculo se expresa

$$V_i = \sum_{j=1}^{n} P_j\, x_{ij}$$

donde:

V_i, es el valor de la vulnerabilidad i (económica, social y ambiental);

P_j, es el peso ponderado del indicador j;

x_{ij}, es el valor del indicador j normalizado para cada subcuenca i.

Relación funcional ascendente [↑]: $x_{ij} = \dfrac{x_{ij}-x_{min}}{x_{máx}-x_{min}}$

Relación funcional descendente [↓]: $x_{ij} = \dfrac{x_{máx}-x_{ij}}{x_{máx}-x_{min}}$

donde:

$x_{mín}$, valor mínimo de la matriz del indicador j.

$x_{máx}$, valor máximo de la matriz del indicador j.

6) Clasificación de los niveles de vulnerabilidad, a partir del ajuste de distribución de probabilidad beta al registro de cada indicador. Este ajuste tiene como finalidad: 1) ajustar los valores a una distribución de probabilidad, según su rango de oscilación [0,1] y 2) evitar una clasificación arbitraria para definir los diferentes grados de vulnerabilidad.

7) Clasificación del grado de vulnerabilidad, a partir de la probabilidad de ocurrencia. Esta clasificación se hace a partir de 5 categorías de clasificación y utilizando percentiles, en donde cada rango de percentil se divide en 20% (ver Tabla 5.1).

Tabla 5.1 Clasificación del grado de vulnerabilidad.

No.	Grado de Vulnerabilidad	Valor del Percentil
1	Muy Baja	$0 < V_i \le 20$
2	Baja	$20 < Vi \le 40$
3	Moderada	$40 < Vi \le 60$
4	Alta	$60 < Vi \le 80$
5	Muy Alta	$80 < Vi \le 100$

Fuente: Elaboración propia.

201

5.3.2 Definición y justificación de los indicadores

Los indicadores que se proponen a considerar para estimar la vulnerabilidad del recurso hídrico en la CRGT, se presentan en la Tabla 5.2, se anexa definición, justificación y fuente de referencia. Cabe indicar que estos indicadores se han elegido porque reflejan las condiciones económicas, sociales y ambientales en la CRGT (ver Figura 5.2).

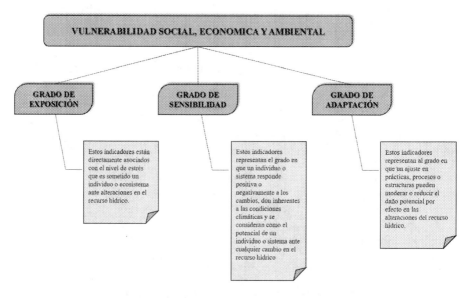

Figura 5.2 Requerimientos para la elección de
indicadores de vulnerabilidad en la CRGT.
Fuente: Elaboración propia.

Tabla 5.2 Listado de Indicadores de Vulnerabilidad.

Indicador	Definición	Justificación	Fuente
I_1 Densidad de población *(DP)* al año 2010. Unidad: hab/km2 $$DP = \frac{POBTotal}{Superficie\,(km^2)}$$	Es la relación entre el número total de habitantes existentes, o población total en la subcuenca, y la superficie total en la subcuenca.	Cuanto mayor es la densidad de población en una región o territorio, se requieren mayores volúmenes de agua para satisfacer la demanda y, por lo tanto, dicha región es más vulnerable a padecer los efectos por alteraciones en el recurso hídrico.	Anuarios Estadísticos y Geográficos (INEGI, 2010)
I_2 Población sin derechohabiencia a servicios de salud *(PSDSS)* al año 2010. Unidad: Porcentaje $$PSDSS = \frac{PSDSS}{POBTotal}$$	Es la relación entre la población sin derechohabiencia a servicios de salud y el número total de habitantes existentes en la subcuenca. Se refiere a aquella proporción de la población que no cuenta con servicios de salud en relación al total.	Este es un indicador de rezago social, cuanto mayor es la población sin derechohabiencia a servicios de salud, se tiene una mayor vulnerabilidad desde el punto de vista social y económico ante cambios en el recurso hídrico.	Censo de Población y Vivienda (INEGI,2010)
I_3 Población en viviendas sin drenaje ni excusado *(PVSDE)* al año 2010. Unidad: Porcentaje $$PVSDE = \frac{PVSDE}{POBTotal}$$	Es la relación entre la población en viviendas sin servicios de drenaje ni excusado y el número total de habitantes existentes en la subcuenca.	Es un indicador de rezago social, y refleja de manera directa la vulnerabilidad a la cual está sujeta la población al no contar con un servicio básico. Y, por ende, ante la presencia de alteraciones al recurso hídrico, aumenta la susceptibilidad de daño a la salud.	Censo de Población y Vivienda (INEGI,2010)
I_4 Población en viviendas sin energía eléctrica *(PVSEE)* al año 2010. Unidad: Porcentaje $$PVSEE = \frac{PVSEE}{POBTotal}$$	Es la relación entre la población en viviendas sin energía eléctrica y el número total de habitantes existentes en la subcuenca.	Es un indicador rezago social, y refleja de manera directa la vulnerabilidad a la cual está sujeta la población al no contar con un servicio básico. Ante la presencia de alteraciones en el recurso hídrico, las centrales hidroeléctricas disminuyen la producción y por ende existirá un aumento de viviendas sin la oferta de este servicio.	Censo de Población y Vivienda (INEGI,2010)
I_5 Población en viviendas sin agua entubada *(PVSAE)* al año 2010. Unidad: Porcentaje $$PVSAE = \frac{PVSAE}{POBTotal}$$	Es la relación entre la población en viviendas sin agua entubada y el número total de habitantes existentes en la subcuenca.	Es un indicador de rezago social, y refleja de manera directa la vulnerabilidad a la cual está sujeta la población al no contar con un servicio básico. Y, por ende, ante la presencia de alteraciones en el recurso hídrico, las consecuencias se vuelven más	Censo de Población y Vivienda (INEGI,2010)
I_6 Población en viviendas con piso de tierra *(PVCPT)* al año 2010. Unidad: Porcentaje $$PVCPT = \frac{PVCPT}{POBTotal}$$	Es la relación entre la población en viviendas con piso de tierra y el número total de habitantes existentes en la subcuenca.	Es un indicador de rezago social, y refleja de manera directa la vulnerabilidad a la cual está sujeta la población al no contar con un servicio básico. Ante la presencia de alteraciones en el recurso hídrico, este sector de la población se vuelve más susceptible de presentar problemas de salud.	Censo de Población y Vivienda (INEGI,2010)
I_7 Grado promedio de escolaridad de la población *(GPEP)* al año 2010. Unidad: Grado	Corresponde a la media de los años acumulados de educación en personas mayores a 24 años. Es el resultado de dividir el total de grados escolares aprobados por las personas de entre 15 y 130 años de edad entre las personas del mismo grupo de edad. Excluye a las personas que no especificaron los grados aprobados.	Este indicador forma parte del Índice de Desarrollo Humano y representa una fortaleza respecto a la vulnerabilidad ante cambios en el recurso hídrico. La importancia de este indicador radica en que se relaciona con un bajo acceso a la información y con una menor calidad de vida, impidiendo hacer conciencia para un mejor aprovechamiento del recurso hídrico.	Índice de Desarrollo Humano (PNUD,2014)

Tabla 5.2 Listado de Indicadores de Vulnerabilidad.

Indicador	Definición	Justificación	Fuente
I_8 Población de 15 años o más analfabeta ($P15yMA$) al año 2010. Unidad: Porcentaje $$P15yMA = \frac{P15yMA}{POEATotal}$$	Es la relación del número de habitantes mayores de 15 años que no saben leer ni escribir y el número total de habitantes existentes en la cuenca.	Un bajo acceso a la información y una menor calidad de vida de los habitantes en la cuenca, impiden hacer conciencia para un mejor aprovechamiento del agua ante alteraciones	(CONEVAL, 2010)
I_9 Población en condiciones de pobreza (PCP) al año 2010. Unidad: Porcentaje	Es el resultado de aplicar una metodología que señala los indicadores y umbrales con los que se mide la pobreza en México. Es un indicador es multivariable.	La medición oficial de la pobreza es usada por los gobiernos federal y estatal para priorizar programas y acciones.	(CONEVAL, 2010)
I_{10} Población económicamente activa desocupada ($PEAD$) al año 2010 Unidad: Porcentaje $$PEAD = \frac{PEAD}{POBTotal}$$	Es la relación entre la población económicamente activa desocupada y la población económicamente activa total existente en la subcuenca.	La vulnerabilidad ante alteraciones en el recurso hídrico está en relación inversa al grado de desarrollo social y económico de las áreas afectadas. Las regiones que tienen una mayor proporción de población económicamente activa desocupada, son más vulnerables desde el punto de vista social y económico ante cambios en el recurso hídrico.	Anuarios Estadísticos y Geográficos (INEGI, 2010)
I_{11} Ingreso per cápita anual ($IPCA$). Unidad: US/año $$IPCA = \frac{PIBanual}{POBTotal}$$	Es la relación entre el Producto Interno Bruto PIB y el número total de habitantes existentes en la subcuenca.	Este indicador forma parte del Índice de Desarrollo Humano y representa una fortaleza respecto a la vulnerabilidad ante cambios en el recurso hídrico. Las regiones que tienen un menor ingreso per cápita, son más vulnerables desde el punto de vista social y económico.	Índice de Desarrollo Humano (PNUD,2014)
I_{12} Valor de la producción del sector agrícola, temporal y riego ($IPATYR$) al año 2010. Unidad: $	Es el valor en miles de pesos, obtenido de la producción cosechada por la agricultura de riego y de temporal en el territorio de la subcuenca.	La producción agrícola de temporal y de riego es, en algún lugar, el primer sector económico afectado por alteraciones en el recurso hídrico y, con frecuencia, es el más perjudicado. Por ello, el valor de la producción agrícola puede reflejar las pérdidas económicas potenciales por cambios o alteraciones en el recurso hídrico.	Sistema de Información Agroalimentaria y Pesquera SIAP (SAGARPA, 2010)
I_{13} Valor de la producción del ganado en pie (IPG) al año 2010. Unidad: $	Es el valor en miles de pesos, obtenido del ganado en pie de diferentes especies criadas en el territorio de la subcuenca	La producción del ganado, es igual que la producción agrícola el primer sector económico afectado por alteraciones en el recurso hídrico. El valor del ganado en pie representa la calidad y cantidad de alimentación que la actividad pecuaria recibe, al depender de las áreas de pastizales y volúmenes de agua para abrevadero.	Sistema de Información Agroalimentaria y Pesquera SIAP (SAGARPA, 2010)
I_{14} Superficie rehabilitada al riego (SRR). Unidad: ha	Es la cantidad de superficie de riego agrícola donde se restauró algún pozo, limpieza de drenes o reestructuración de cauces o canales.	Entre mayor sea la superficie de riego agrícola se garantiza mayor cantidad de producción durante todo el año. Lo que permite hacer del agua un manejo eficiente y contrarrestar los efectos ante alteraciones en el recurso hídrico.	Anuarios Estadísticos y Geográficos (INEGI, 2010)
I_{15} Superficie agrícola tecnificada (SAT). Unidad: ha.	Es la cantidad de superficie tecnificada, según uso de maquinaria.	La actividad agrícola, entre mejor tecnificada este presenta mayor producción a bajos insumos. El uso de maquinaria pesada permite acondicionar el suelo de tal forma tal que el agua tiene una mejor distribución.; demandando menor volumen de agua para satisfacer el uso consuntivo.	Sistema de Información Agroalimentaria y Pesquera SIAP (SAGARPA, 2010)

Tabla 5.2 Listado de Indicadores de Vulnerabilidad.

Indicador	Definición	Justificación	Fuente
I_{16} Longitud de caminos rurales (LCR) Unidad: km	Representa la longitud total de caminos rurales revestidos y no revestidos.	Ante alteraciones en el recurso hídrico, como pudieran ser la presencia de inundaciones y sequías, la población más susceptible es la rural, por lo que al aplicar las medidas de contingencias es importante que se cuenten con los accesos y que estos estén en buen estado.	Anuarios Estadísticos y Geográficos (INEGI, 2010)
I_{17} Superficie de Areas Naturales Protegidas (SANP) Unidad: Porcentaje $SANP = \dfrac{SANP}{Superficie\ (km^2)}$	Es la relación entre la superficie de áreas naturales protegidas existente en la subcuenca y la superficie total en la subcuenca.	La conservación de los ecosistemas y su biodiversidad, mediante las áreas naturales protegidas y otras modalidades de conservación (reservas de la biosfera, parques nacionales, santuarios, monumentos naturales, etc.), contribuyen a preservar el ciclo hidrológico y la calidad del agua y, por lo tanto, disminuyen la vulnerabilidad ambiental ante alteraciones en el recurso hídrico.	Programas Hídricos Nacionales PHR (CONAGUA, 2008)
I_{18} Superficie deforestada (SDF) al año 2010 (Porcentaje de área crítica forestal). Unidad: Porcentaje $SDF = \dfrac{SDF}{Superficie\ (km^2)}$	Es la relación entre el área deforestada existente en la subcuenca y la superficie total en la subcuenca.	La deforestación y los cambios en el uso del suelo, propician la desertificación de amplias zonas, haciéndolas más susceptibles y vulnerables a la falta de agua. Con estas acciones, el suelo pierde rápidamente su capacidad de atrapar y retener humedad. Esto genera microclimas áridos que terminan por alterar el patrón climático regional. Como resultado de ello, las zonas áridas pueden hacerse aún más secas y extenderse, modificando el recurso hídrico.	Programas Hídricos Nacionales PHR (CONAGUA, 2008)
I_{19} Superficie siniestrada por incendios forestales (SSIF) al año 2010 Unidad: Porcentaje $SSIF = \dfrac{SSIF}{Superficie\ (km^2)}$	Es la relación entre el área siniestrada debido a incendios forestales y la superficie total en la subcuenca.	Los incendios forestales ante cambios en el recurso hídrico, como son la presencia de sequías, tienen un aumento en su frecuencia e intensidad. Esto debido a las altas temperaturas, al bajo nivel de precipitaciones que hacen que todo material forestal pueda incendiarse fácilmente ante el comportamiento negligente de las personas.	Anuarios Estadísticos y Geográficos (INEGI, 2010)
I_{20} Superficie reforestada (SREF) al año 2010 Unidad: Porcentaje $SREF = \dfrac{SREF}{Superficie\ (km^2)}$	Es la relación entre la superficie deforestada que ha sido recuperada reforestándola y la superficie total en la subcuenca.	El recuperar áreas que han sido deforestadas permite preservar el ciclo hidrológico y la calidad del agua y, por lo tanto, disminuyen la vulnerabilidad ambiental del recurso hídrico.	Anuarios Estadísticos y Geográficos (INEGI, 2010)
I_{21} Grado de explotación de las aguas superficiales (GEASUP)	Es la relación entre el volumen anual de extracción de agua superficial y el volumen medio anual de escurrimiento natural.	Como consecuencia de una reducción severa de la precipitación o incluso condiciones nulas de lluvia, se presentarían bajos niveles de escurrimiento y, por lo tanto, sería de esperarse que los umbrales de oferta de agua	Estudios de Disponibilidad, Diario Oficial de la Federación (SEMARNAT, 2015)
I_{22} Grado de explotación de las aguas subterráneas (GEASUB)	Es la relación entre el volumen de extracción de agua subterránea y la recarga media anual.	estén por abajo de los de la demanda, trayendo repercusión en todos los ámbitos sociales, económicos y ambientales.	

Tabla 5.3 Matriz de Indicadores de Vulnerabilidad.

VULNERABILIDAD	COMPONENTE DE LA VULNERABILIDAD		
	EXPOSICIÓN	SENSIBILIDAD	ADAPTACIÓN
ECONÓMICA	• I_1: (DP) Densidad de población $DP \uparrow \geq Vulnerabilidad \uparrow$ • I_{10}: (PEAD) Población económicamente activa desocupada $PEAD \uparrow \geq Vulnerabilidad \uparrow$ • I_{21}: (GEASUP) Grado de explotación de las aguas superficiales $GEASUP \uparrow \geq Vulnerabilidad \uparrow$ • I_{22}: (GEASUB) Grado de explotación de las aguas subterráneas $GEASUB \uparrow \geq Vulnerabilidad \uparrow$	• I_{12}: (VPATYR) Valor de la producción del sector agrícola, temporal y riego $VPATYR \uparrow \geq Vulnerabilidad \uparrow$ • I_{13}: (VPG) Valor de la producción del ganado en pie $VPG \uparrow \geq Vulnerabilidad \uparrow$	• I_{14}: (SRR) Superficie rehabilitada al riego $SRR \uparrow \geq Vulnerabilidad \downarrow$ • I_{15}: (SAT) Superficie agrícola tecnificada $SAT \uparrow \geq Vulnerabilidad \downarrow$ • I_{16}: (LCR) Longitud de caminos rurales $LCR \uparrow \geq Vulnerabilidad \downarrow$
SOCIAL	• I_2: (PSDSS) Población sin derechohabiencia a servicios de salud $PSDSS \uparrow \geq Vulnerabilidad \uparrow$ • I_8: (P15YMA) Población de 15 o más analfabeta $P15YMA - \geq Vulnerabilidad -$ • I_9: (PCP) Población en condiciones de pobreza $PCP \uparrow \geq Vulnerabilidad \uparrow$ • I_{21}: (GEASUP) Grado de explotación de las aguas superficiales $GEASUP \uparrow \geq Vulnerabilidad \uparrow$ • I_{22}: (GEASUB) Grado de explotación de las aguas subterráneas $GEASUB \uparrow \geq Vulnerabilidad \uparrow$	• I_3: (PVSDE) Población en viviendas sin drenaje ni excusado $PVSDE \uparrow \geq Vulnerabilidad \uparrow$ • I_4: (PVSEE) Población en viviendas sin energía eléctrica $PVSEE - \geq Vulnerabilidad -$ • I_5: (PVSAE) Población en viviendas sin agua entubada $PVSAE \uparrow \geq Vulnerabilidad \uparrow$ • I_6: (PVCPT) Población en viviendas con piso de tierra $PVCPT \uparrow \geq Vulnerabilidad \uparrow$	• I_7: (GPEP) Grado promedio de escolaridad de la población $GPEP \uparrow \geq Vulnerabilidad \downarrow$ • I_{11}: (IPCA) Ingreso per cápita anual $IPCA \uparrow \geq Vulnerabilidad \downarrow$
AMBIENTAL	• I_{21}: (GEASUP) Grado de explotación de las aguas superficiales $GEASUP \uparrow \geq Vulnerabilidad \uparrow$ • I_{22}: (GEASUB) Grado de explotación de las aguas subterráneas $GEASUB \uparrow \geq Vulnerabilidad \uparrow$	• I_{18}: (SDF) Superficie deforestada $SDF \uparrow \geq Vulnerabilidad \uparrow$ • I_{19}: (SSIF) Superficie siniestrada por incendios forestales $SSIF \uparrow \geq Vulnerabilidad \uparrow$	• I_{17}: (SANP) Superficie de Áreas Naturales Protegidas $SANP \uparrow \geq Vulnerabilidad \downarrow$ • I_{20}: (SREF) Superficie reforestada $SREF \uparrow \geq Vulnerabilidad \downarrow$

Una vez identificados los indicadores, se procede a formular las matrices de indicadores agrupadas en categorías según el tipo de vulnerabilidad y factor de vulnerabilidad. La Tabla 5.3, anota cada uno de los indicadores, la clave asignada para su identificación y la relación funcional con la vulnerabilidad. Se identifican dos tipos de relaciones funcionales: relación directa, a mayor magnitud del indicador la vulnerabilidad aumenta [↑] o relación inversa, a mayor magnitud del indicador la vulnerabilidad disminuye [↓].

5.4 RESULTADOS

La CRGT, se integra por 12 subcuencas hidrológicas, definidas por la Comisión Nacional del Agua (CONAGUA), según el *"Acuerdo por el que se actualiza la disponibilidad media anual de las aguas superficiales de las 757 cuencas hidrológicas en que se encuentra dividido los Estados Unidos Mexicanos"*, publicado por Diario Oficial de la Federación el 27 de mayo de 2016 (DOF 27may, 2016). La vulnerabilidad del recurso hídrico en la CRGT, se estimó con 9 indicadores para vulnerabilidad económica, 11 indicadores para vulnerabilidad social y 6 indicadores para vulnerabilidad ambiental. A continuación, se describen los resultados obtenidos de la estimación de la vulnerabilidad para cada una de las subcuencas que integran la CRGT.

5.4.1 Vulnerabilidad Económica

La vulnerabilidad económica, se estimó con un total de 9 indicadores: 4 indicadores de exposición, 2 de sensibilidad y 3 de adaptación (ver Tabla 5.4). El grado de exposición para la vulnerabilidad económica en la CRGT, representa el nivel de estrés al cuál es sometida la cuenca ante alteraciones en el recurso hídrico.

La estimación de grado de exposición en la CRGT se considera de bajo a muy bajo. Sólo la subcuenca río Tamesí observa un grado de exposición muy alto. En lo que respecta a cada uno de los indicadores: el indicador I_{10} Población económicamente activa desocupada, es el que mayor vulnerabilidad observa e indica que diez subcuencas se encuentran entre un grado de exposición medio a muy alto: cuatro subcuencas con grado medio (río Jaumave-Chiche, río Guayalejo 2, río Sabinas, arroyo El Cojo), cuatro con grado alto (río Comandante 1, río Comandante 2, río Guayalejo 3, río Guayalejo 4) y dos con grado muy alto (río Tantoán, río Tamesí). Las subcuencas con grado alto de exposición de este indicador tienen una población de 518,638 habitantes, lo que representa el 69.2% de la población total de la cuenca.

El grado de sensibilidad para la vulnerabilidad económica representa el grado en que la cuenca responde positiva o negativamente a los cambios en el recurso hídrico y representa el potencial del sistema a estos cambios. El grado de sensibilidad en la cuenca se estimó en muy bajo. El indicador con mayor grado de sensibilidad es el I_{12} Valor de la producción del sector agrícola, este indicador es muy alto en las subcuencas del río Tantoán y el río Tamesí. Con respecto al indicador I_{13} Valor de la producción ganado en pie, sólo la subcuenca del río Guayalejo 4, observa un grado alto.

Tabla 5.4 Indicadores que integran la vulnerabilidad económica por subcuenca en la CRGT.

No.	Subcuenca	Grado de Exposición				Grado de Sensibilidad		Grado de Adaptación		
		I_1 Densidad de población	I_{10} Población económicamente activa desocupada	I_{21} Grado de explotación de las aguas subterráneas	I_{22} Grado de explotación de las aguas superficiales	I_{12} Valor de la producción del sector agrícola, temporal y riego	I_{13} Valor de la producción ganado en pie	I_{14} Superficie rehabilitada para riego	I_{15} Superficie agrícola tecnificada	I_{16} Longitud de caminos rurales
1	Río Jaumave - Chihue	0.0202	0.4970	0.3137	0.2367	0.6196	0.2151	1.8000	0.8425	8.0095
		Muy Baja	Media	Muy Baja	Media	Muy Baja	Baja	Muy Baja	Muy Baja	Muy Alta
2	Río Guayalejo 1	0.0009	0.0005	0.3000	9.0000	0.3028	0.0395	0.3628	1.2000	3.9629
		Muy Baja	Muy Baja	Muy Baja	Muy Baja	Muy Baja	Muy Baja	Muy baja	Muy baja	Muy baja
3	Río Guayalejo 2	0.0409	0.2386	0.0408	0.0899	0.3645	0.1303	0.6843	0.9284	2.3012
		Muy Baja	Media	Muy Baja	Muy Baja	Muy Baja	Muy Baja	Baja	Muy baja	Muy baja
4	Río Sabinas	0.0267	0.4667	0.0802	0.0524	0.0988	0.0403	0.4084	0.3219	3.9241
		Muy Baja	Media	Muy Baja	Muy Baja	Muy Baja	Muy Baja	Muy baja	Muy baja	Muy baja
5	Río Comandante 1	0.9335	0.5000	0.3038	0.2270	0.3281	6.2083	0.3037	0.7385	3.4381
		Muy Baja	Alta	Muy Baja	Alta	Muy Baja	Baja	Muy baja	Baja	Media
6	Río Comandante 2	0.1024	0.5208	0.9093	9.0480	0.0909	0.0000	0.9764	0.3448	1.0000
		Muy Baja	Alta	Muy Baja	Muy Baja	Muy Baja	Muy Baja	Muy baja	Muy baja	Muy baja
7	Río Monte	0.1026	3.3127	0.9001	0.0555	0.2018	0.0647	0.0000	0.3995	3.9921
		Muy Baja	Baja	Muy Baja	Muy Baja	Muy Baja	Muy Baja	Muy baja	Muy baja	Muy baja
8	Río Guayalejo 3	0.2001	0.5028	0.3590	0.5000	0.3732	0.4057	0.2756	0.4524	4.4115
		Baja	Alta	Media	Alta	Baja	Media	Alta	Media	Media
9	Arroyo El Cojo	0.0274	0.4241	0.9013	9.0207	0.1327	0.0508	0.5523	0.3906	3.3793
		Muy Baja	Media	Muy Baja	Muy Baja	Muy Baja	Muy Baja	Muy baja	Muy baja	Muy baja
10	Río Tantoán	0.0561	1.0000	0.9803	0.0144	0.1643	0.3873	0.3384	0.7838	3.7090
		Muy Baja	Muy Alta	Muy Baja	Muy Baja	Muy Baja	Muy Baja	Muy baja	Baja	Muy baja
11	Río Guayalejo 4	0.0481	0.7463	0.1135	0.2915	1.0000	0.7343	0.0000	0.0000	8.0000
		Muy Baja	Alta	Muy Baja	Baja	Muy alta	Alta	Muy alta	Muy alta	Muy alta
12	Río Tamesí	1.0000	0.8894	1.0000	0.3361	0.8913	1.0000	0.5822	0.6968	0.7882
		Muy Alta	Muy Alta	Muy Alta	Media	Muy Alta	Muy Alta	Media	Media	Baja

Muy Baja	10	1	10	7	9	6	8	7	6	
Baja	1	1	0	1	1	2	2	2	3	
Media	0	4	1	2	0	1	1	2	2	
Alta	0	4	0	1	0	1	1	0	0	
Muy Alta	1	2	1	1	2	2	1	1	2	

Fuente: Elaboración propia.

En lo que respecta al grado de adaptación, representa el ajuste en prácticas que pueden moderar o reducir el daño potencial por efecto en las alteraciones en el recurso hídrico, la CRGT tiene un grado muy bajo de adaptación, entendiéndose como una falta de capacidad para responder a alteraciones en el recurso hídrico. Siete subcuencas (río Guayalejo 1, río Guayalejo 2, río Sabinas, río Comandante 2, río Mante, río Guayalejo 3, río Tantoán) observan un grado de adaptación muy bajo en los dos indicadores de adaptación: I_{15} Superficie agrícola tecnificada e I_{16} Longitud de caminos rurales. Las subcuencas arroyo El Cojo y río Tamesí, observan un grado de adaptación medio en el indicador I_{15} Superficie agrícola tecnificada, entendiéndose que el territorio ocupado para la agricultura, no se encuentra tecnificado para riego.

En síntesis, la vulnerabilidad económica por subcuencas en la CRGT (ver Figura 5.3), observa: una subcuenca con vulnerabilidad muy alta (río Tamesí), dos subcuencas con vulnerabilidad alta (río Guayalejo 3, río Tantoán), dos con vulnerabilidad media (río Comandante 1, río Comandante 2) y siete subcuencas con vulnerabilidad baja (río Jaumave-Chihue, río Guayalejo, río Guayalejo 2, río Sabinas, río Mante, arroyo El Cojo, río Guayalejo 4).

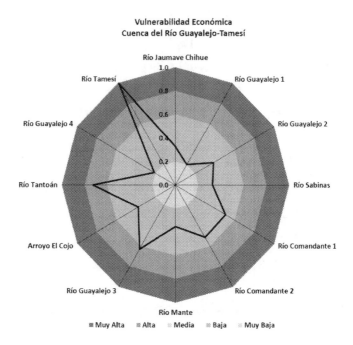

Figura 5.3 Vulnerabilidad económica por subcuenca hidrológica en la CRGT.
Fuente: Elaboración propia.

5.4.2 Vulnerabilidad Social

La vulnerabilidad social se estimó con un total de 11 indicadores: 5 indicadores de exposición, 4 de sensibilidad y 2 de adaptación (ver Tabla 5.5).

El grado de exposición en la CRGT se estima de medio a muy bajo. El indicador I_8 Población de 15 años o más analfabeta, indica que nueve subcuencas se encuentran entre un grado de exposición alto a muy alto: cinco subcuencas con grado alto y cuatro con grado muy alto. Las subcuencas con grado muy alto de exposición son el río Guayalejo 2, río Sabinas, río Comandante 2 y arroyo El Cojo, que en total cuentan con una población de 31,891 habitantes. Por otra parte, el indicador I_9 Población en condiciones de pobreza, indica que cinco de las subcuencas están consideradas entre un grado alto a muy alto: tres subcuencas con grado alto y dos con grado muy alto. Las subcuencas con grado muy alto de exposición de este indicador son el río Jaumave-Chihue y arroyo El Cojo.

Tabla 5.5 Indicadores que integran la vulnerabilidad
social por subcuenca en la CRGT.

No.	Subcuenca	Grado de Exposición					Grado de Sensibilidad				Grado de Adaptación	
		I_2 Población sin derechohabiencia a servicios de salud	I_3 Población de 15 años o más analfabeta	I_9 Población en condiciones de pobreza	I_{11} Grado de explotación de las aguas subterráneas	I_{12} Grado de explotación de las aguas superficiales	I_1 Población en viviendas sin drenaje ni excusado al año	I_4 Población en viviendas sin energía eléctrica	I_5 Población en viviendas sin agua entubada	I_6 Población en viviendas con piso de tierra al año 2010	I_8 Grado promedio de escolaridad de la población	I_{13} Ingreso per cápita anual
1	Río Jaumave - Chihue	0.0869			0.6107					0.4180	0.462	0.3043	
		Muy Bajo	Alta	Muy Alta	Muy Bajo	Mucha	Muy Alta	Muy Alta	Media	Media	Alta	Media
2	Río Guayalejo 1	0.0742			0.0080	0.0090	0.4037			0.0313			
		Muy Baja	Alta	Media	Muy Baja	Muy Baja	Media	Muy Alta	Alta	Media	Muy Baja	Muy Baja
3	Río Guayalejo 2	0.3058			0.3408	0.6899	0.0618			0.2316	0.1014		
		Baja	Muy Alta	Alta	Muy Bajo	Muy Bajo	Media	Muy Alta	Muy Alta	Media	Muy Alta	Muy Baja
4	Río Sabinas	0.0758			0.0002	0.6524	0.4254			0.4307	0.2479		
		Media	Muy Alta	Media	Muy Baja	Muy Baja	Media	Alta	Alta	Media	Alta	Muy Baja
5	Río Comandante 1	0.0111			0.0083		0.0369	0.0066		0.0322	0.3587		
		Media	Alta	Alta	Muy Bajo	Alta	Media	Media	Muy Alta	Alta	Media	Media
6	Río Comandante 2	0.3621			0.3003	0.6480	0.1108	0.1630		0.2315	0.5305	0.0000	
		Bajo	Muy Alta	Media	Muy Bajo	Muy Bajo	Alta	Media	Baja	Baja	Muy Alta	Muy Baja
7	Río Maxte	0.0060	0.3605	0.3834	0.3001	0.0555	0.0012	0.0000	0.0006	0.2318	0.2513		
		Muy Baja	Baja	Muy Baja	Muy Baja	Muy Baja	Muy Baja	Muy Baja	Muy Baja	Baja	Alta	Muy Baja
8	Río Guayalejo 3	0.2980	0.4342	0.1329	0.0300		0.1388	0.0875	0.1027	0.2379	0.0708	0.2606	
		Baja	Media	Muy Baja	Media	Muy Alta	Muy Baja	Muy Baja	Muy Baja	Baja	Muy Alta	Alta
9	Arroyo El Cojo				0.9603	0.0144				0.0473	0.408	Muy Baja	
		Alta	Muy Alta	Muy Alta	Muy Bajo	Muy Bajo	Baja	Media	Media	Media	Media	Muy Baja
10	Río Tantoán				0.0114	0.0144	0.1645				0.4843		
		Muy Alta	Muy Alta	Muy Baja	Muy Baja	Muy Baja	Muy Baja	Media	Muy Alta	Muy Alta	Media	Alta
11	Río Guayalejo 4	0.3459	0.4486		0.1155	0.2915	0.1584	0.2876	0.3414	0.3027	0.2223		
		Media	Alta	Media	Muy Baja	Baja	Muy Baja	Baja	Baja	Baja	Alta	Baja
12	Río Tamesí		0.0000	0.0000			0.0000	0.0319	0.5045	0.5000	0.2877	0.0000	
		Muy Alta	Muy Baja	Muy Baja	Muy Alta	Media	Muy Baja	Muy Baja	Muy Baja	Muy Baja	Alta	Muy Baja
	Muy Baja	3	1	1	10	7	5	3	3	1	1	6
	Baja	3	1	0	0	1	1	2	2	4	0	1
	Media	3	1	4	1	2	5	2	3	6	1	2
	Alta	1	4	2	0	1	0	1	2	0	6	2
	Muy Alta	2	5	2	1	1	1	4	3	1	4	1

Fuente: Elaboración propia.

El grado de sensibilidad para la vulnerabilidad social se considera mayormente distribuido de muy bajo a alto y se integra con 4 indicadores. Los indicadores I_4 Población en vivienda sin energía eléctrica e I_5 Población en vivienda sin agua entubada; indican que cinco subcuencas se encuentran entre un grado de sensibilidad de alto a muy alto: dos de grado alto y tres de grado muy alto. Para el indicador I_4, tres subcuencas observan un grado muy alto: río Jaumave-Chihue, río Guayalejo 1 y río Guayalejo 2; mientras que las de grado alto son dos: río Sabinas y río Tantoán. Para el indicador I_5, las 3 subcuencas de grado muy alto son río Guayalejo 2, río

Comandante 1 y río Tantoán; mientras que las de grado alto son 2: río Guayalejo 1 y río Sabinas.

El grado de adaptación cuenta con dos indicadores: el indicador I_7 Grado promedio de escolaridad de la población e I_{11} Ingreso per cápita anual. En el caso del indicador I_7, presenta un grado de adaptación de medio a muy alto, mientras que en el I_{11} va de un grado muy bajo a medio. La subcuenca que tiene un grado de adaptación muy baja, es el río Guayalejo 1. Para el indicador I_{11} seis subcuencas tienen un grado muy bajo de adaptación (río Guayalejo 1, río Guayalejo 2, río Sabinas, río Comandante 2, río Mante y arroyo El Cojo), que tienen una población de 2,831 habitantes.

En resumen, la vulnerabilidad social por subcuencas (ver Figura 5.4), observa a la subcuenca del río Tantoán con un muy alto grado, mientras que se tienen seis subcuencas con un alto grado (río Jaumave-Chihue, Río Guayalejo 1, río Guayalejo 2, río Sabinas, río Comandante 1 y arroyo El Cojo), con grado medio (río Comandante 2), una con grado bajo (río Guayalejo 4), y tres con grado muy bajo (río Mante, río Guayalejo 3 y río Tamesí).

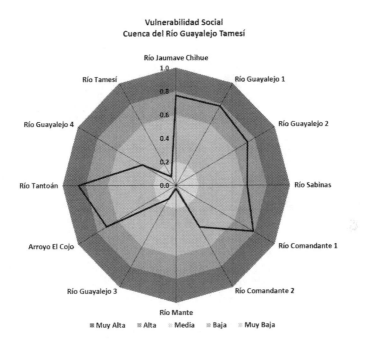

Figura 5.4 Vulnerabilidad social por subcuenca hidrológica en la CRGT.
Fuente: Elaboración propia.

5.4.3 Vulnerabilidad Ambiental

Finalmente, la vulnerabilidad ambiental (ver Tabla 5.6), por su parte, se estimó con un total de 6 indicadores: 2 por cada uno de los grados de exposición, sensibilidad y adaptación. El grado de exposición en la CRGT se considera de muy bajo a medio. El indicador con un muy alto valor es el I_{21} Grado de explotación de las aguas subterráneas, correspondiente al río Tamesí. Por su parte, el indicador I_{22} Grado de explotación de las aguas superficiales con un muy alto valor de exposición es el río Guayalejo 3.

Tabla 5.6 Indicadores que integran la vulnerabilidad ambiental por subcuenca hidrológica en la CRGT.

No.	Subcuenca	Grado de Exposición		Grado de Sensibilidad		Grado de Adaptación	
		I_{21} Grado de explotación de las aguas subterráneas	I_{22} Grado de explotación de las aguas superficiales	I_{18} Superficie deforestada	I_{19} Superficie siniestrada por incendios forestales	I_{17} Superficie de Áreas Naturales Protegidas	I_{20} Superficie reforestada
1	Río Jaumave - Chihue	0.0107	0.3167	1.0000	0.7622	0.0859	0.0000
		Muy Baja	*Media*	*Muy Alta*	*Alta*	*Muy Alta*	*Muy Alta*
2	Río Guayalejo 1	0.0000	0.0000	0.0025	0.2153	0.3291	0.8990
		Muy Baja	*Muy Baja*	*Muy Baja*	*Baja*	*Alta*	*Muy Baja*
3	Río Guayalejo 2	0.0408	0.0899	0.0000	0.0731	0.0147	1.0000
		Muy Baja	*Muy Baja*	*Muy Baja*	*Muy Baja*	*Muy Alta*	*Muy Baja*
4	Río Sabinas	0.0002	0.0524	0.0050	0.3301	0.4966	0.7943
		Muy Baja	*Muy Baja*	*Muy Baja*	*Media*	*Media*	*Baja*
5	Río Comandante 1	0.0038	0.7270	0.0469	0.4720	0.2559	0.3183
		Muy Baja	*Alta*	*Muy Baja*	*Media*	*Alta*	*Alta*
6	Río Comandante 2	0.0003	0.0480	0.0006	1.0000	0.0712	1.0000
		Muy Baja	*Muy Baja*	*Muy Baja*	*Muy Alta*	*Muy Alta*	*Muy Baja*
7	Río Mante	0.0001	0.0555	0.0000	0.0000	0.0000	1.0000
		Muy Baja	*Muy Baja*	*Muy Baja*	*Muy Baja*	*Muy Alta*	*Muy Baja*
8	Río Guayalejo 3	0.4500	1.0000	0.0000	0.0358	0.0008	1.0000
		Media	*Muy Alta*	*Muy Baja*	*Muy Baja*	*Muy Alta*	*Muy Baja*
9	Arroyo El Cojo	0.0013	0.0207	0.0000	0.0818	0.0005	1.0000
		Muy Baja	*Muy Baja*	*Muy Baja*	*Muy Baja*	*Muy Alta*	*Muy Baja*
10	Río Tantoán	0.0003	0.0144	0.1919	0.0366	0.0227	0.9879
		Muy Baja	*Muy Baja*	*Baja*	*Muy Baja*	*Muy Baja*	*Muy Alta*
11	Río Guayalejo 4	0.1135	0.2915	0.0009	0.0039	0.0588	0.9996
		Muy Baja	*Baja*	*Muy Baja*	*Muy Baja*	*Muy Alta*	*Muy Baja*
12	Río Tamesí	1.0000	0.5861	0.0000	0.0000	0.0188	1.0000
		Muy Alta	*Media*	*Muy Baja*	*Muy Baja*	*Muy Alta*	*Muy Baja*
	Muy Baja	10	7	11	7	1	8
	Baja	0	1	0	1	0	1
	Media	1	2	0	2	1	0
	Alta	0	1	0	1	2	1
	Muy Alta	1	1	1	1	8	2

Fuente: Elaboración propia

Para el caso del grado de sensibilidad de la vulnerabilidad ambiental se considera con grado muy bajo a medio. Para el indicador I_{18} Superficie deforestada se tiene a la subcuenca del río Jaumave-Chihue, como aquella que tiene un grado muy alto de sensibilidad, mientras que para el indicador I_{19} Superficie siniestrada por incendios forestales es la subcuenca del río Comandante 2.

El grado de adaptación cuenta con dos indicadores: el indicador I_{17} Superficie de Áreas Naturales Protegidas e I_{20} Superficie reforestada. En el caso del indicador I_{17}, se cuenta con un grado de adaptación de medio a muy alto, mientras que en el I_{20} va de un grado muy bajo a bajo. Todas las subcuencas cuentan con un grado muy alto en el indicador I_{17} a excepción de tres subcuencas: río Guayalejo 1 (grado alto), río Comandante 1 (grado alto) y río Sabinas (grado medio).

En el caso del indicador I_{20}, nueve de las subcuencas tienen un grado muy bajo de adaptación. En el indicador I_{10} Superficie reforestada, tres subcuencas se encuentran en un grado bajo (río Sabinas), grado alto (río Comandante 1) y grado muy alto (río Jaumave-Chihue), respectivamente.

En resumen, la CRGT (ver Figura 5.5) cuenta con cuatro subcuencas con un muy alto grado de vulnerabilidad ambiental (río Jaumave-Chihue, río Sabinas, río Guayalejo 3 y río Tamesí), dos subcuencas con un grado alto (río Comandante 1 y río Comandante 2), una con grado medio (río Guayalejo 1), una con grado bajo (río Guayalejo 4), y cuatro con grado muy bajo (río Guayalejo 2, río Mante, arroyo El Cojo y río Tantoán).

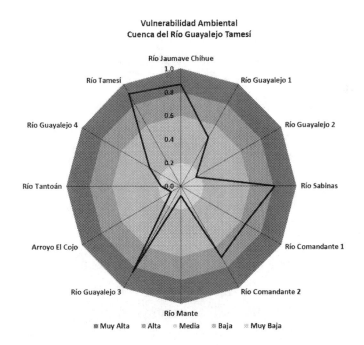

Figura 5.5 Vulnerabilidad ambiental por subcuenca hidrológica en la CRGT.
Fuente: Elaboración propia.

5.5 CONCLUSIONES

Con base en la estimación de la vulnerabilidad en la CRGT, se concluye que 6 de las 12 subcuencas observan una alta a muy alta vulnerabilidad: río Tamesí, río Jaumave-Chihue, río Guayalejo 3, río Tantoán, río Comandante 1 y río Sabinas. Con muy baja vulnerabilidad se tiene a las subcuencas: río Mante y río Guayalejo 2. Para cada uno de las dimensiones de la vulnerabilidad, se observa:

- ✓ **Vulnerabilidad económica**. La subcuenca con mayor vulnerabilidad económica es la correspondiente al río Tamesí. Esta cuenca corresponde a la última subcuenca localizada en la desembocadura del río Tamesí al río Pánuco. Su importancia radica en el hecho de albergar el centro urbano más grande localizado en la cuenca con una población de 509,693 habitantes en una extensión de 1,982.8 km². Su actividad económica es realmente importante para su desarrollo, una alteración en el recurso hídrico, como puede ser el caso de sequías, obligaría a las autoridades a racionalizar el recurso hídrico a las actividades económicas, lo cual causaría aumento en el desempleo. En el caso de inundaciones, el impacto en la economía sería alto, debido principalmente a las cotas de elevación del territorio, y la alta concentración del desarrollo económico.

- ✓ **Vulnerabilidad social.** La subcuenca con vulnerabilidad muy alta es la subcuenca del río Tantoán, y las cuencas con vulnerabilidad alta, son: río Juamave-Chichue, río Guayalejo 1, río Guayalejo 2, río Sabinas, río Comandante 1 y arroyo El Cojo. Estas subcuencas observa altos valores en población sin derechohabiencia, población analfabeta y población en condiciones de pobreza, lo que indica que ante una alteración del recurso hídrico (sequías o inundaciones) la respuesta por parte de la población será mínima y las autoridades encargadas de responder a esta eventualidad, tendrán mayor importancia a su pronta respuesta.

✓ **Vulnerabilidad ambiental.** Cuatro subcuencas observan una muy alta vulnerabilidad ambiental: río Jaumave-Chihue, río Sabinas, río Guayalejo 3 y río Tamesí. Esta vulnerabilidad se relaciona principalmente con el grado de sensibilidad y el grado de adaptación que observan las subcuencas. El principal indicador que altera la vulnerabilidad ambiental es la explotación de las aguas tanto subterráneas como superficiales.

Para concluir, la estimación de la vulnerabilidad en cada una de las subcuencas, permite identificar cuáles pueden ser las acciones a emprender para disminuir los impactos en el territorio con respecto a las alteraciones que pueden tenerse en el recurso hídrico. Entre estas acciones, se pueden mencionar:

1) En relación con la estimación del recurso hídrico.

- Actualizar constante y continuamente las mediciones de las aguas superficiales y subterráneas.

- Evaluar la calidad y la cantidad de agua de fuentes actuales y nuevas.

- Revisar la efectividad de las medidas de ahorro de agua.

- Realizar seguimiento de las fuentes de suministro de agua vulnerables.

- Establecer procedimientos de alerta temprana para problemas de escasez y de calidad de agua.

2) En relación con la legislación y normatividad.

- Establecimiento de bancos de agua, caudales ecológicos y reservas de agua.

- Establecimiento de legislación en reciclaje de agua y uso seguro de aguas residuales depuradas.

- Establecimiento de legislación para protección y gestión de aguas subterráneas.

3) En relación con el ahorro de agua y reducción de la demanda.

- Instalar medidores de alta tecnología, para evitar el consumo y desperdicio indiscriminado del agua, por parte de los usuarios.

- Promover el ahorro voluntario.

- Establecer programas de incentivos económicos a usuarios que adopten medidas de manejo y ahorro del agua.

- Realizar inventarios y control de las fuentes de agua para evitar la sobreexplotación y contaminación.

- Realizar programas de conservación de suelos y cuerpos de agua para su recuperación.

4) En relación al diagnóstico, funcionamiento y mantenimiento de la infraestructura y equipo hidráulico.

- Programas de diagnóstico oportuno de condiciones de operatividad de presas, canales y equipo hidráulico (bombas, vertederos, etc.).

- Programas de rehabilitación y mejora de embalses.

5) En relación con la educación y participación de los usuarios.

- Implementar programas de concientización sobre el ahorro del agua.

- Crear comités de asesoramiento y participación pública en la planificación del uso y aprovechamiento del agua.

- Crear un sistema de información geográfica que describa la cuenca e incluya información de los usuarios, usos, dotaciones y suministros del agua.

6) En relación a escenarios de incremento del agua para abastecimiento futuro.

- Programa continuo y permanente de la actualización de la disponibilidad de agua (superficial y subterránea).

- Programa de actualización constante y continua de la vulnerabilidad del recurso hídrico.

BIBLIOGRAFIA

Alcántara - Ayala, I. (2002). Geomorphology, natural hazards, vulnerability and prevention of natural disasters in developing countries. *Geomorphology, 47*, 107-124.

Ávila García, P. (2008). Vulnerabilidad socioambiental, seguridad hídrica y escenarios de crisis por el agua en México. *Ciencias*(90), 46-57.

Blaikie, P., Cannon, T., Davis, I., & Wisner, B. (1996). *Vulnerabilidad - El entorno social, político y económico de los desastres.* Recuperado el 06 de julio de 2016, de Red de Estudios Sociales en Prevención de Desastres en América Latina (LA RED): http://www.desenredando.org/public/libros/1996/vesped/vesped-todo_sep-09-2002.pdf

Cardona, O. (2001). *La necesidad de repensar de manera holística los conceptos de vulnerabilidad y riesgo. Una crítica y una revisión necesaria para la gestión.* Recuperado el 06 de julio de 2016, de Wageningen, Holanda: Disaster Studies of Wageningen. University and Research Centre: http://www.desenredando.org/public/articulos/index.html

Cardona, O., Hurtado, J., Duque, G., Moreno, A., Chardon, A., Velázquez, L., & Prieto, S. (2003). *Indicadores para la medición del riesgo: Fundamento para un enfoque metodológico.* Recuperado el 06 de julio de 2016, de Inter-American Development Bank (IDEA). Universidad Nacional de Colombia Sede Manizales: http://idea.unalmzl.edu.co/documentos/02%20Fundamentos%20Metodologicos%20Indicadores%20BID-IDEA%20Fase%20I.pdf

CONAGUA. (2008). *Programa Nacional Hídrico 2007 - 2012.* Recuperado el 06 de julio de 2016, de http://www.conagua.gob.mx/ CONAGUA07/Contenido/Documentos/PNH_05-08.pdf

CONEVAL. (2010). *Medición de la Pobreza en México.* Recuperado el 06 de julio de 2016, de Consejo Nacional de Evaluación de la Política de Desarrollo Social: http://coneval.org.mx/Medicion/MP/ Paginas/Medicion-de-la-pobreza-municipal-2010.aspx

IMTA. (2015). *Manual para el cálculo de índices de vulnerabilidad ante la sequía en México.* IMTA - Instituto Mexicano de Tecnología del Agua, Coordinación de Hidrología, Jiutepec, Morelos.

INEGI. (2010a). *Instituto Nacional de Estadística y Geografía.* Recuperado el 06 de julio de 2016, de Publicaciones: http://www. beta.inegi.org.mx/app/biblioteca/ficha.html?upc=702825087340

INEGI. (2010b). *Instituto Nacional de Estadística y Geografía.* Recuperado el 06 de julio de 2016, de México en cifras: http:// www.beta.inegi.org.mx/app/areasgeograficas/?ag=28

IPCC. (2008). *Climate Change and Water. IPCC Technical Paper VI.* Recuperado el 06 de julio de 2016, de Intergovernamental Panel on Climate Change (IPCC): https://www.ipcc.ch/pdf/technical-papers/ climate-change-water-en.pdf

Iyengar, N., & Sudarshan, P. (1982). A Method of Classifying Regions from Multivariate Data.

Magaña, V., Zermeño, D., & Neri, C. (2012). Climate Change Scenarios and potential impacts on water availability in northern México. *Climate Research, 51*(2), 171-184.

McEntire, D. (2004). Development, disasters and vulnerability: a discussion of divergent theories and the need for their integration. *Disaster Prevention and Management: An International Journal, 13*(3), 193 - 198. Recuperado el 6 de julio de 2016, de ResearchGate: https://www.researchgate. net/publication/239549822_Development_disasters_and_ vulnerability_A_discussion_of_divergent_theories_and_the_need_ for_their_integration

McEntire, D. (2005). Why vulnerability matters: Exploring the merit of an inclusive disaster reduction concept. Disaster Prevention and Management. *Disaster Prevention and Managemen: An international Journal, 14*(2), 206-222.

ONU/EIRD. (2004). *Vivir con el riesgo: Informe mundial sobre iniciativas para la reducción de desastres. Versión 2004.* Recuperado el 6 de julio de 2016, de Oficina de las Naciones Unidas para la Reducción del Riesgo de Desastres. Publicaciones Naciones Unidas: http://www.eird.org/vivir-con-el-riesgo/index2.htm

PNUD - GWA. (2006). *La guía de recursos: Transversalización del enfoque de género en la gestión del agua. Versión 2.1.* Recuperado el 06 de julio de 2016, de Organización de las Naciones Unidas (ONU). Programa de las Naciones Unidas para el Desarrollo (PNUD). Alianza de Género y Agua (GWA): http://www.un.org/ esa/sustdev/inter_agency/gender_water/resourceGuide_Spanish.pdf

PNUD. (2014). *El Índice de Desarrollo Humano (IDH).* Recuperado el 06 de julio de 2016, de United Nations Development Programe. Human Development Reports.: http://hdr.undp.org/es/content/ el-%C3%ADndice-de-desarrollo-humano-idh

SAGARPA. (2010). *Secretaría de Agricultura, Ganadería, Desarrollo Rural, Pesca y Alimentación.* Recuperado el 06 de julio de 2016, de Servicio de Información Agroalimentaria y Pesquera (SIAP): https://www.google.com/url?hl=es&q=http://www.siap.gob.mx/cierre-de-la-produccion-agricola-por-estado/&source=gmail&ust=1470340714041000&usg=AFQjCNEpy0k9yvP348QNI8-kYpNbVpCmxA

SEMARNAT. (27 de mayo de 2016). *ACUERDO por el que se da a conocer el resultado de los estudios de disponibilidad media anual de las aguas superficiales en las cuencas hidrológicas Arroyo Zarco, Río Ñadó, Río Galindo, Río San Juan 1, Río Tecozautla, Río San Juan 2, Río Grande de Tulanci.* Recuperado el 06 de julio de 2016, de Diario Oficial de la Federación. Comisión Nacional del Agua (CONAGUA). Secretaría de Ambiente y Recursos Naturales (SEMARNAT).

Turner, B., Kasperson, R., Matson, P., McCarthy, J., Corell, R., Christensen, L.,... Schiller, A. (2003). *A framework for vulnerability analysis in sustainability science.* Recuperado el 06 de julio de 2016, de Proceedings of the National Academy of Sciences of the United States of America (PNAS): http://www.pnas.org/content/100/14/8074.full.pdf

UN/ISDR. (2002). *Natural disasters and sustainable development: understanding the links between development, environment and natural disasters.* United Nations/International Strategy for Disaster Reduction. Background paper N° 5. 10p.

Wilches-Chaux, G. (1989). *Desastres, ecologismo y formación profesional.* Recuperado el 06 de julio de 2016, de Sistema de Bibliotecas Repositorio Institucional (SENA): http://repositorio.sena.edu.co/handle/11404/1034?mode=full

Sobre el autor

Arcos-Espinosa, Gabriel

Doctorado en Ciencias y Técnicas del Agua

garcos@docentes.uat.edu.mx

Ingeniero civil por la Facultad de Ingeniería "Arturo Narro Siller" de la Universidad Autónoma de Tamaulipas desde 1988. En el año 2000 obtuvo su grado de maestro en Ingeniería Portuaria por la misma Universidad y en el 2008 el doctorado en Ciencias y Técnicas del Agua por la Universidad de Cantabria (España). El doctor Arcos se desarrolla en el área de Modelación Hidráulica e Hidrodinámica y tiene perfil PROMEP, desde 2004. Ha tenido participación como ponente en diversos congresos nacionales e internacionales, generando capítulos de libro y artículos en temas como: Metodología para la Modelación Hidrodinámica Bidimensional de un Cuerpo de Agua. Caso: Laguna de Cuyutlán Colima y Manejo de Drenaje Pluvial Sustentable en la Zona Urbana de Querétaro. Caso: Cuesta China. Ha participado y desarrollado diversos proyectos entre los que se destacan: Modelación Hidrodinámica Bidimensional de un Cuerpo de Agua con el Programa MIKE 21. Caso: Bahía De San Quintín y Elaboración del Programa de Medidas Preventivas y de Mitigación ante las Sequías (PRONACOSE) del Organismo de Cuenca Golfo Norte (CONAGUA). Es líder integrante en el Cuerpo Académico Desarrollo Integral de Zonas Costeras (UAT-CA-28), es líder de la Red de Investigación de Ingeniería Aplicada al Diagnóstico de Riesgos Hidrometeorológicos, Fluviales y Costeros (Red IADR-HFC) y es miembro integrante de la Asociación Mexicana de Hidráulica. Desde 2008 es sub-director del Centro de

Investigación y Desarrollo en Ingeniería, Portuaria, Marítima y Costera (CIDIPORT), de la Universidad Autónoma de Tamaulipas. Desde 1989 es profesor-investigador de la Facultad de Ingeniería "Arturo Narro Siller" de la Universidad Autónoma de Tamaulipas e imparte las cátedras de Hidráulica de Máquinas, Tuberías y Transitorios, Hidráulica de Canales e Hidráulica Marítima.

González-Turrubiates, Dora

Doctorado en Medio Ambiente, Territorio y Sociedad

dgonzale@docentes.uat.edu.mx

Ingeniera Civil por la Facultad de Ingeniería "Arturo Narro Siller" de la Universidad Autónoma de Tamaulipas desde 1993. Maestra en Ingeniería Portuaria desde el año 1995, obtenido el grado por la misma Universidad. En el año 2008 obtuvo su doctorado en Territorio, Medio Ambiente y Sociedad por la Universidad Autónoma de Madrid (España). La Dra. González se desarrolla en el área de Riesgos y Vulnerabilidad por Eventos Hidrometeorológicos y tiene Perfil PROMEP desde 2014. Ha participado en diversos congresos nacionales e internacionales, generando artículos y capítulos de libro en temas como: Imágenes satelitales y distribución espacial de la lluvia en el estado de Querétaro. Caso Tormenta del 18 de agosto de 2014 y Habitantes y Patrimonio: Valoración y gestión del riesgo de inundaciones en municipios costeros. Una aproximación con base en indicadores. Ha participado y desarrollado diversos proyectos entre los que se destacan: Integración, Análisis y Propuesta de un Esquema de Balance Hídrico Mensual a nivel Cuenca que incluya Escenarios de Cambio Climático (PNUD-INECC); Evaluación y Monitoreo de la Vulnerabilidad al Cambio Climático de las

Costas de Tamaulipas (COTACYT-SEDUMA) y Elaboración del Programa de Medidas Preventivas y de Mitigación ante las Sequías (PRONACOSE) del Organismo de Cuenca Golfo Norte (CONAGUA). Es miembro integrante en el Cuerpo Académico Desarrollo Integral de Zonas Costeras (UAT-CA-28); miembro integrante de la Red de Investigación de Ingeniería Aplicada al Diagnóstico de Riesgos Hidrometeorológicos, Fluviales y Costeros (Red IADR-HFC); miembro integrante de la Red de Desastres Asociados a Fenómenos Hidrometeorológicos y Climáticos (REDESClim); miembro asociado de la Asociación Mexicana de Hidráulica y miembro fundador de la ONG Ingenieros Sin Fronteras México, A. C. Desde 1999 se desempeña como profesora-investigadora de la Facultad de Ingeniería "Arturo Narro Siller" de la Universidad Autónoma de Tamaulipas e imparte las cátedras de Mecánica de Fluidos e Hidrología.

Martínez-Cano, Esperanza
Doctorado en Educación Internacional
emartinez@docentes.uat.edu.mx

Ingeniera civil por la Facultad de Ingeniería "Arturo Narro Siller" de la Universidad Autónoma de Tamaulipas desde 1988. Maestra en Educación Superior desde el año 1995, obtenido el grado por la misma Universidad. En el año 2000 obtuvo su doctorado en Educación Superior por la Universidad Autónoma de Tamaulipas (Consorcio Trilateral México-Estados Unidos-Canadá). Su área de investigación es la Gestión y Liderazgo Universitario y es perfil PROMEP desde el año 2000. Es miembro integrante en el Cuerpo Académico Desarrollo Integral de Zonas Costeras (UAT-CA-28) y miembro de Instituto de Gestión y Liderazgo Universitario. Ha participado en diversos congresos nacionales e internacionales, generando artículos y capítulos de libro en temas como: Metodología para la Modelación Hidrodinámica Bidimensional de un Cuerpo de Agua. Caso: Laguna de Cuyutlán, Colima; y Modelación Hidrodinámica Bidimensional de un Cuerpo de Agua con el Programa MIKE 21. Caso: Bahía De San Quintín. Desde 2012 es coordinadora general de proyectos, del Centro de Investigación y Desarrollo en Ingeniería, Portuaria, Marítima y Costera (CIDIPORT), de la Universidad Autónoma de Tamaulipas. Desde 1988 se desempeña como profesora-investigadora de la Facultad de Ingeniería "Arturo Narro Siller" de la Universidad Autónoma de Tamaulipas e imparte las cátedras de Desarrollo de Habilidades para Aprender y Seminario de Investigación.